Canais de Distribuição
& Geomarketing

www.editorasaraiva.com.br

MARKETING EM TEMPOS MODERNOS

AUTORES
Marcos Rocha
José Meireles de Sousa

Canais de Distribuição
& Geomarketing

ISBN 978-85-472-1581-1

DADOS INTERNACIONAIS DE CATALOGAÇÃO NA PUBLICAÇÃO (CIP)
ALINE GRAZIELE BENITEZ CRB – 8/9922

R574c 1.ed.	Rocha, Marcos Donizete Aparecido Canais de distribuição e geomarketing / Marcos Donizete Aparecido Rocha, José Meireles de Sousa. – 1.ed. – São Paulo: Saraiva, 2017. (Marketing em tempos modernos) Inclui bibliografia. ISBN: 978-85-472-1581-1 1. Distribuição – gestão. 2. Marketing. 3. Sistema Comercial. I. Sousa, José Meireles de. II. Título.
	CDD 658.8
	CDU 658.8

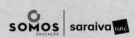

Av. das Nações Unidas, 7221, 1º Andar, Setor B
Pinheiros – São Paulo – SP – CEP: 05425-902

SAC 0800-0117875
De 2ª a 6ª, das 8h às 18h
www.editorasaraiva.com.br/contato

Índice para catálogo sistemático:
1. Distribuição: gestão   658.8
2. Marketing   658.8

Presidente	Eduardo Mufarej
Vice-presidente	Claudio Lensing
Diretora editorial	Flávia Alves Bravin
Gerente editorial	Rogério Eduardo Alves
Planejamento editorial	Rita de Cássia S. Puoço
Aquisições	Fernando Alves
	Julia D'Allevo
Editores	Ana Laura Valerio
	Lígia Maria Marques
	Patricia Quero
	Thiago Fraga
Produtoras editoriais	Alline Garcia Bullara
	Amanda M. Loyola
	Daniela Nogueira Secondo
Suporte editorial	Juliana Bojczuk Fermino
Preparação	Elaine Fares
Revisão	Ana Maria Fiorini
Diagramação	Negrito Produção Editorial
Capa	Silvia Kirihara
Impressão e acabamento	Gráfica Paym

Copyright © Marcos Donizete Aparecido Rocha,
José Meireles de Sousa.
2017 Saraiva Educação
Todos os direitos reservados.

1ª edição

Nenhuma parte desta publicação poderá ser reproduzida por qualquer meio ou forma sem a prévia autorização da Saraiva Educação. A violação dos direitos autorais é crime estabelecido na lei nº 9.610/98 e punido pelo artigo 184 do Código Penal.

27.040.001.001

Editar 15754   CL 651208   CAE 613541

Sobre os autores

Marcos Donizete Ap. Rocha graduou-se em Administração de Empresas com ênfase em Comércio Exterior. Logo em seguida, especializou-se em Marketing de Serviços, Negociação e Marketing de Relacionamento pela Fundação Getulio Vargas (FGV), onde também concluiu o Programa de MBA em Marketing Estratégico. Em 2011, finalizou o curso de Negociação pela Harvard University, Cambridge, Estados Unidos. Em 2012, tornou-se Mestre em Comunicação. Na área de Educação a Distância, concluiu o programa de EAD – Docência pela FGV. Possui mais de 18 anos de experiência na área de Administração Empresarial, tendo ocupado diversos cargos executivos em sua trajetória profissional dentro de empresas multinacionais. Atualmente, é autor universitário, consultor, professor e coordenador em programas de MBA e graduação em Marketing.

José Meireles de Sousa é Doutor em Administração e Comércio Internacional, pela UNEX – Universidade da Extremadura – Espanha e engenheiro de produção, graduado pela Universidade de Lisboa. Tem atuado há mais de 40 anos, como professor universitário, coordenador de cursos e diretor em Universidades de Portugal e Brasil. Atuou como diretor comercial e de exportação em várias empresas em Portugal, Espanha e Hong Kong. No Brasil, foi diretor geral do grupo de empresas Braspor Madeiras Ltda. Atualmente é autor universitário, com obras publicadas nas áreas de estratégia e comércio internacional, consultor, palestrante, professor e coordenador em programas de MBA e graduação em Administração e Comércio Internacional no Brasil, e atua como professor-pesquisador na École Superieur du Commerce Exterieur em Paris.

Introdução

Vivemos em tempos modernos; a globalização e as novas tecnologias da informação têm impulsionado a interação entre os mercados. As lojas físicas tradicionais vêm sofrendo modernizações constantes não somente em termos de infraestrutura mas também na forma de comercializar; o *e-commerce* tem aumentado significativamente sua participação no comércio mundial; as fronteiras físicas estão desaparecendo e os consumidores podem comprar produtos em qualquer parte do mundo e recebê-los confortavelmente em suas residências.

O rápido crescimento da economia global observado, sobretudo, no início do milênio, foi bruscamente interrompido pela crise vivida em 2008, o que provocou recessão em vários mercados e consequentemente condicionou o desenvolvimento das empresas.

A estagnação de muitas economias tem levado um grande número de empresas a expandir suas atividades em busca de oportunidades em mercados ainda não totalmente saturados, aumentando a concorrência não somente por sua simples presença local mas também por trazer inovações em produtos e processos, estas impulsionadas por novas tecnologias de informação e compostos de comunicação de marketing, que farão parte desse ambiente mercadológico.

Observa-se, dessa forma, que os consumidores passam a ter mais opções de compra e consequentemente maior poder de influenciar as decisões das empresas. Eles ficarão plenamente satisfeitos somente se os produtos ofertados estiverem disponíveis no momento em que eles necessitaram. *Assim, é atributo essencial do sistema de distribuição disponibilizar o produto na quantidade, no local e no momento que o consumidor desejar.*

Para maximizar o valor dos produtos por meio do sistema de distribuição é fundamental entender as estratégias disponíveis que serão utilizadas, ou seja, identificar e caracterizar o público-alvo, determinar o nível de serviço que será oferecido e, por fim, quais canais os produtos e serviços irão trilhar desde o fabricante até ao mercado-alvo da forma mais eficiente e eficaz. Se o sistema de distribuição conseguir cumprir esse fluxo adequadamente, contribuirá na criação de vantagens competitivas diferenciadoras para a empresa.

Este volume da **Coleção Marketing em Tempos Modernos** aborda os principais conceitos de distribuição e a forma como a estratégia de distribuição se integra ao processo de marketing da empresa. Ainda analisa os principais aspectos de gerenciamento dos canais e as características dos intermediários, bem como descreve as particularidades dos pontos de venda.

Vale ressaltar que em mercados cada vez mais liberalizados e competitivos, a maioria dos produtos oferecidos têm características e preços semelhantes, cabendo à distribuição contribuir na apresentação de propostas de valor diferenciadas, que satisfaçam plenamente ao consumidor e aumentem a competitividade das empresas.

Marcos Rocha
José Meireles de Sousa

Sumário

1 Introdução à distribuição 1

2 A gestão dos canais de distribuição 21

3 Os intermediários 75

4 Logística 97

5 Áreas de mercado 135

6 Técnicas de exposição de produtos 169

7 Internacionalização 199

8 Tipologia dos intermediários 229

Referências 249

Introdução à distribuição

APRESENTAÇÃO

A comercialização de bens de consumo ou serviços constitui uma atividade fundamental em qualquer economia. Com a crescente necessidade das empresas de se adaptarem a mercados cada vez mais agressivos, a distribuição passa a desempenhar um papel de grande importância na geração de valor para elas. As funções que serão geridas pela *gestão da distribuição* requerem decisões complexas sobre assuntos variados, que vão desde o planejamento do próprio sistema – passando por seu funcionamento e manutenção de seus fluxos – até a solução de anomalias decorrentes de sua utilização.

OBJETIVOS

Neste capítulo analisaremos a importância do estudo da *distribuição* enquanto um dos principais elementos do composto de mix de marketing para a geração de valor face ao mercado consumidor.

1.1 PANORAMA DA DISTRIBUIÇÃO NO SISTEMA COMERCIAL

O sistema comercial, constituído por uma série de agentes econômicos interligados, estabelece a ponte entre o setor produtivo e os mercados consumidores, tornando-se assim uma peça essencial de todo o sistema econômico. Dentre as funções executadas pelo sistema comercial está a distribuição, responsável por colocar os produtos ou serviços à disposição dos consumidores finais ou dos compradores industriais nas quantidades, locais e momentos que eles necessitam.

Tradicionalmente, nas empresas a distribuição de produtos configura-se como a continuação lógica da função de vendas, e as atividades executadas pelo departamento de distribuição são vistas como meras funções reativas de outros departamentos. No meio empresarial, acreditava-se que qualquer produto pudesse ser vendido desde que as estratégias de venda e propaganda fossem agressivas. As empresas eram orientadas à produção, e a gestão tinha como foco baixar o custo dos produtos e aumentar as vendas; o papel do marketing era ajudar a vender o que fosse produzido.

Com a crescente necessidade de as empresas se adaptarem a um mercado cada vez mais concorrencial – traduzida pela imprescindível opção de se gerirem de acordo com planos estratégicos e com foco no mercado consumidor –, o sistema tradicional tem sido progressivamente alterado e o conceito de marketing tem sofrido mudanças relacionadas ao escopo que direciona a gestão das empresas, que passou então de uma orientação de produção a uma orientação de marketing.

Quadro 1.1 Orientação da empresa

Orientação		Principais Características	Exemplo
Produção	Sustenta a ideia de que os consumidores dão preferência a produtos fáceis de encontrar e de baixo custo.	Alta eficiência com baixo custo e distribuição em massa.	*Commodities* em geral, *smartphone* indiano Freedom 251.
Produto	Considera que os consumidores dão preferência a produtos que ofereçam qualidade e desempenho superiores ou que tenham características inovadoras.	Excelente desempenho e alta qualidade percebida pelos consumidores.	3M, Bäng & Olufsen, Polaroid, Olivetti.
Vendas	Parte do princípio de que os consumidores e as empresas, por vontade própria, normalmente não compram produtos em quantidade suficiente. A organização deve, portanto, empreender um esforço agressivo de vendas e promoção.	Busca vencer a resistência dos consumidores levando-os a adquirir os produtos.	Seguros, revistas técnicas, Ultrafarma.
Marketing	Sustenta que a chave para alcançar as metas organizacionais está no fato de a empresa ser mais efetiva que a concorrência na criação, entrega e comunicação de valor para o cliente de seus mercados-alvo selecionados.	Satisfação plena das necessidades dos consumidores.	Nike, lojas Zara.
Relacionamento	O objetivo do marketing é desenvolver um relacionamento de longo prazo com fornecedores, distribuidores e consumidores mutuamente satisfatório.	Criação de relacionamentos rentáveis e duradouros.	Sam's club, Starbucks, programa Multiplus.

Fonte: adaptado de KOTLER, P.; KELLER, K. L. *Administração de marketing*. 12. ed. São Paulo: Pearson, 2006. p. 13.

As novas tecnologias de informação e de comunicação impactam a forma como os consumidores satisfazem a suas necessidades. Com o lançamento de novos produtos de forma ininterrupta, eles podem comparar mais facilmente preços de itens similares, e a decisão de compra passa a depender principalmente da conveniência desejada e da disponibilidade dos produtos.

> **Importância da disponibilidade dos produtos**
>
> Joana recebe amigos para a macarronada de domingo. Durante o preparo do prato, nota a falta de queijo ralado. Pede então ao marido que vá ao mercadinho do bairro para comprar queijo, que custará 20% mais que no supermercado onde habitualmente eles fazem compras. Embora a compra seja mais cara, Joana ganha com a satisfação da conveniência (proximidade do mercadinho) e com a disponibilidade do produto no momento em que precisa dele.

No caso apresentado, o mercadinho dispunha de queijo ralado, pois conhecia os hábitos dos consumidores do bairro; o distribuidor do queijo estava atento ao estoque do produto para o fim de semana nesse ponto de venda sob sua responsabilidade. Ou seja, todo o sistema de distribuição estava orientado ao mercado.

A "orientação para o mercado", ou "*marketing concept*"[1], é uma realidade já universalmente aceita e aplicada cada vez a um maior número de empresas. Como consequência da aplicação desse conceito, e tendo em vista uma maior aproximação da empresa ao mercado, toma corpo a ideia de se estabelecer uma distribuição devidamente planejada e integrada à estratégia adotada.

No atual contexto mercadológico é crescente a influência do consumidor não só na produção mas também na comercialização dos produtos. Focalizando a distribuição, podemos observar a evolução ocorrida nas últimas décadas. Passamos de um modelo de negócio em que as lojas compravam itens de fornecedores e os vendiam a seus clientes – ou seja, o negócio do fornecedor terminava com a compra pelo varejo – para um

---

1. Segundo McCarthy em *Basic marketing*: a managerial approach (Homewood: Richard D. Irwin, 1960), o *marketing concept* é uma filosofia orientada para identificar as necessidades dos consumidores e mobilizar os recursos da empresa a fim de servi-los seletivamente.

modelo em que as lojas disponibilizam espaço para fornecedores exporem produtos que os consumidores passarão a adquirir.

Nesse novo modelo de negócio, o varejo "aluga" espaço ao fornecedor e recebe a respectiva compensação por meio da margem e da rapidez com que os produtos giram em seus expositores. O escopo do negócio altera-se, passando da necessidade de garantir grandes margens para a necessidade de os produtos terem elevado giro no ponto de venda.

> ### O consumidor e a produção
>
> Lucas decidiu renovar seu *home office* com mobiliário de madeira certificada com selo verde (certificação de controle de produção florestal emitida pela FSC*). Como há muito tempo utiliza a internet para adquirir móveis e eletrodomésticos, busca uma loja virtual com produtos certificados por essa organização. Os móveis certificados passam por um processo específico de manejo de matérias-primas e produção fabril que foi "exigido" pelo cliente Lucas e são disponibilizados na loja virtual escolhida por ele. Esse é um exemplo de como a influência do cliente no processo de produção e comercialização aumentou significativamente nos últimos anos.
>
> * FSC é uma organização não governamental presente em mais de 70 países que visa contribuir para a promoção do manejo florestal responsável. Mais informações disponíveis em: <https://br.fsc.org/pt-br>. Acesso em: set. 2016.

Para viabilizar a comercialização dos móveis certificados, tanto as empresas componentes do sistema produtivo (manejo da floresta, produção de móveis, certificadora) e da comercialização (vendas e distribuição) quanto os consumidores finais devem estar em sintonia e compartilhar informação, o que leva à evolução da orientação do marketing para o relacionamento.

A escolha e a implementação de um sistema de distribuição apresentam alguma complexidade para a empresa, sendo necessária muita especialização da gestão corrente. Conforme adiantado no início do capítulo, as funções que serão geridas pela *gestão da distribuição* requerem decisões complexas sobre assuntos variados, que vão desde o planejamento do próprio sistema – passando por seu funcionamento e manutenção de seus fluxos – até a solução de anomalias decorrentes de sua utilização.

Podemos sintetizar as funções executadas pela gestão da distribuição agrupando-as conforme descrito a seguir.

- **Projeto e seleção dos canais de distribuição:** Primeira tarefa da gestão da distribuição, consiste em determinar como a empresa irá distribuir seus produtos. Integra essa tarefa a determinação das decisões fundamentais em que se apoiará todo o sistema de distribuição a ser implementado. Uma decisão malsucedida ou deficientemente planejada poderá ter reflexos negativos em toda a empresa. Nessa fase, as noções de planejamento são vitais, assim como a postura do gestor face ao mercado e sua evolução.
- **Localização e dimensão dos pontos de venda:** Consiste em determinar o número, a localização, a dimensão e as características dos pontos de venda. Nessa fase é fundamental conhecer os sistemas de distribuição existentes no mercado, quais os praticados pela concorrência, assim como ter acesso a dados do mercado. As técnicas a serem utilizadas para uma correta análise da situação devem advir de experiências similares já efetuadas, ou seja, consistir em modelos que possam ser adaptados ao caso.
- **Logística da distribuição ou distribuição física:** Inclui as atividades de recepção de pedidos, controle de estoque, embalagem, armazenagem, expedição, transporte e entrega dos produtos. Cada vez mais a logística apresenta-se como atividade emancipada do processo de distribuição, ainda que ligada a ele de maneira indissociável. Para esse estado de coisas, muito tem contribuído o aumento do peso relativo dos custos de distribuição e armazenagem na estrutura global dos preços dos produtos.
- **Gestão das relações internas entre os canais de distribuição:** Trata do estabelecimento e melhoria das relações de cooperação entre as empresas que procederão à distribuição, evitando ou solucionando conflitos surgidos nos vários níveis dos canais de distribuição, pois é através da correta resolução deles que se conseguirá otimizar a produtividade de todo o sistema comercial. O gestor de distribuição deverá, sempre que possível, antecipar-se ao conflito tomando posturas proativas e medidas convenientes, de modo a não alterar a fluidez da distribuição, tão essencial à boa *performance* de todo o sistema comercial.

A importância da distribuição no contexto mercadológico tem aumentado com a crescente influência dos consumidores no processo de compra. Atualmente o foco da distribuição vai além das operações de transferência e armazenagem das mercadorias, passando a ser também a captura e o tratamento da informação, bem como sua difusão a todas as empresas envolvidas na produção e comercialização dos produtos.

1.2 DISTRIBUIÇÃO E MARKETING

> **Distribuição** é o instrumento de marketing que relaciona a produção ao consumo.

O principal objetivo de um gestor comercial ao delinear a estratégia comercial de sua empresa deve ser fidelizar os consumidores às suas marcas ou produtos. Para que isso aconteça, deve ter a preocupação de que os seus clientes fiquem satisfeitos ao consumirem seus produtos, e, para isso, torna-se necessário planejar de forma estratégica a fase de comercialização.

A elaboração de um planejamento comercial pressupõe a utilização das ferramentas do marketing (mix de marketing), segundo alguns autores, os 4 Ps (produto, preço, praça ou distribuição, promoção) ou, de acordo com outros, os 5 Ps (junta-se a esses itens o posicionamento).

O marketing não deve ser relegado a uma área departamental. Todos dentro da empresa têm de pensar em marketing.

Todos esses elementos representam as variáveis que podem ser controladas pela empresa e sobre as quais devem ser tomadas decisões que irão influenciar não somente o planejamento comercial mas todo o planejamento estratégico da empresa.

Dessa forma, a gestão da distribuição influencia e é influenciada pelas variáveis do mix de marketing, pela estratégia e pela estrutura da organização, que por sua vez está enquadrada no ambiente e é impactada por ele.

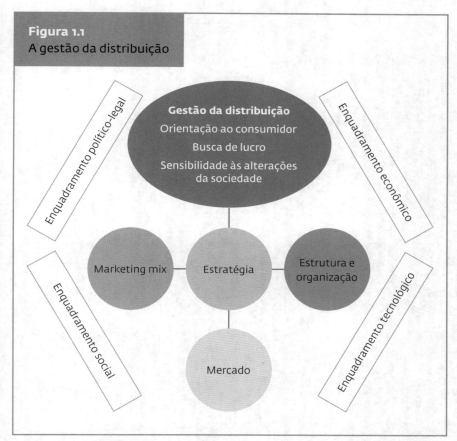

Figura 1.1
A gestão da distribuição

Fonte: elaborada pelos autores.

A globalização intensifica a concorrência, levando as empresas a disputarem acirradamente cada espaço de mercado com seus produtos (cada vez mais semelhantes), a preços similares para itens com as mesmas características e comunicação repleta de um manancial de informações, o que deixa os consumidores confusos e com dificuldade na escolha. Nessas condições, a distribuição aparece como a variável que permite diferenciar os produtos, pois possibilita colocá-los no local certo, na hora exata e na quantidade adequada para que os consumidores possam adquiri-los.

MUITOS EMPRESÁRIOS ESTABELECEM NOVOS PONTOS DE VENDA SEM SE PREOCUPAR COM OS EVENTUAIS CONCORRENTES, ESQUECENDO-SE QUE A OPÇÃO POR UM PONTO DE VENDA NÃO PODE SER FACILMENTE ALTERADA, MAS, SE BEM ESCOLHIDA, PODE SER A VANTAGEM COMPETITIVA MAIS IMPORTANTE PARA O DESENVOLVIMENTO SUSTENTÁVEL DA EMPRESA.

> **Snow – O novo sorvete**
>
> Por melhor que seja a promoção, por mais competitivos que sejam os preços e por mais inovadores que sejam os sabores do sorvete Snow, se a distribuição não for corretamente planejada e executada – de modo que os sorvetes sejam corretamente transportados, estejam bem acondicionados nos pontos de venda e não haja ruptura de estoque de nenhum sabor –, em suma, se os sorvetes não estiverem à disposição dos consumidores onde e quando eles quiserem, muito provavelmente essa nova marca não terá êxito.

Um aspecto da variável "praça", do marketing mix, tem a ver com sua interligação com a variável "posicionamento". Sempre que uma empresa adota uma estratégia de diferenciação como política de penetração num dado mercado é fundamental que defina previamente qual o posicionamento pretendido para seus produtos, pois só com essa definição será possível fazer o planejamento adequado da distribuição, e só com o planejamento adequado da distribuição se conseguirá atingir o posicionamento pretendido.

No processo de comercialização, a variável "praça ou distribuição" tem sido a grande responsável pela possibilidade de se utilizarem circuitos paralelos, contribuindo para a criação de oportunidades nos chamados *gray markets*.

> **Uma operação de *gray market***
>
> Consideremos a comercialização de calças *jeans* da marca Levi's. Se os *jeans* forem vendidos numa loja de prestígio, o cliente provavelmente ficará satisfeito com a compra. Se as mesmas calças forem vendidas numa feira por um preço inferior, como resultado de uma operação de gray market,* o consumidor, embora possa comprá-las, poderá ser levado a pensar que não são autênticas, e a sensação pós-compra não será de satisfação.
>
> *Gray market é a designação de um tipo de transação que ocorre sempre que um distribuidor vende, em determinada região, produtos autênticos a um preço mais baixo do que o praticado pelo representante exclusivo desses produtos nessa região, prejudicando o posicionamento pretendido pelo fabricante para sua marca.

Como resultado da leitura dos diferentes aspectos já focados, podemos concluir que a palavra **distribuição** pode ser interpretada de diferentes maneiras.

1. Atividade logística da empresa – **distribuição física**.
2. **Setor de atividade** – grandes empresas distribuidoras.
3. **Ferramenta de marketing** componente do marketing mix.

Esses aspectos serão analisados no decorrer dos próximos capítulos. A seguir serão definidos os conceitos de distribuição.

- Podemos entender as atribuições da **distribuição física** ou **logística**[2] com base na definição do Council of Supply Chain Management Professionals: processo de planejamento, implementação e controle eficiente e eficaz do fluxo e armazenagem de mercadorias, serviços e informações relacionadas desde o ponto de origem até o ponto de consumo, com o objetivo de atender às necessidades do cliente.
- Como **setor de atividade**, a distribuição engloba o estudo dos intermediários, nomeadamente das grandes empresas distribuidoras (grandes supermercados), subsetor este também designado como "distribuição moderna". Nessa análise, a tipologia dos intermediários e a evolução do setor são aspectos de importância vital para a tomada de decisão por parte dos gestores comerciais.
- Como **instrumento do marketing mix**, a distribuição implica a tomada de decisões estratégicas de longo prazo, que, uma vez assumidas, dificilmente poderão ser modificadas, o que resulta na necessidade de uma cuidadosa análise e reflexão sobre o tema, pela importância de que se reveste para a política global da empresa.

1.3 DISTRIBUIÇÃO, UMA DECISÃO DE ALTA IMPLICAÇÃO

De todas as variáveis de marketing utilizadas para implementar as políticas comerciais, a distribuição é a que deverá ser analisada com maior cuidado e detalhe. Lembrando que as decisões sobre distribuição, uma vez tomadas, dificilmente poderão ser modificadas.

---

2. SUPPLY CHAIN MANAGEMENT TERMS AND GLOSSARY. Disponível em: <https://cscmp.org/sites/default/files/user_uploads/resources/downloads/glossary-2013.pdf>. Acesso em: 11 out. 2016.

Diz-se que uma decisão é de alta implicação sempre que envolve um risco apreciável para quem a toma. Por exemplo: transações de grande valor monetário, decisões de mudança de marca habitual tomadas pelo consumidor e ainda decisões quanto à escolha do sistema de distribuição a implementar.

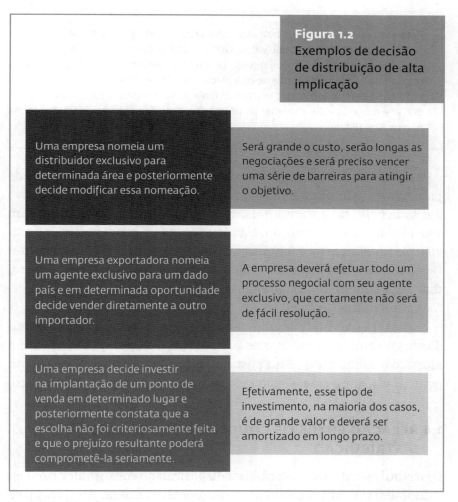

Figura 1.2 Exemplos de decisão de distribuição de alta implicação

Uma empresa nomeia um distribuidor exclusivo para determinada área e posteriormente decide modificar essa nomeação.

Será grande o custo, serão longas as negociações e será preciso vencer uma série de barreiras para atingir o objetivo.

Uma empresa exportadora nomeia um agente exclusivo para um dado país e em determinada oportunidade decide vender diretamente a outro importador.

A empresa deverá efetuar todo um processo negocial com seu agente exclusivo, que certamente não será de fácil resolução.

Uma empresa decide investir na implantação de um ponto de venda em determinado lugar e posteriormente constata que a escolha não foi criteriosamente feita e que o prejuízo resultante poderá comprometê-la seriamente.

Efetivamente, esse tipo de investimento, na maioria dos casos, é de grande valor e deverá ser amortizado em longo prazo.

Fonte: elaborada pelos autores.

A distribuição é uma das funções empresariais mais delicadas e à qual deve ser dedicada maior atenção, não causando estranhamento que a direção geral das empresas desenvolva grandes esforços para tomar as melhores decisões no que diz respeito à distribuição.

Como será realçado nos próximos capítulos, o fato de as decisões sobre distribuição serem de difícil modificação não implica que elas sejam rígidas. As empresas e os mercados têm dinâmica própria, e a distribuição deve adaptar-se a essa dinâmica e viabilizar a entrega da proposta de valor tal como foi previamente formulado pela empresa.

> **Proposta de valor** – é a promessa que a empresa faz de entregar aos seus clientes uma combinação única de valores (preço, atributos, seleção, benefício total etc.) e convencê-los de que sua oferta é melhor que a da concorrência. Essa noção está relacionada com a de qualidade, ou seja, se uma empresa promete entregar determinado valor e se o consumidor, independentemente do motivo, percebe que esse valor é inferior ao prometido, o produto objeto de transação não terá qualidade.

As empresas devidamente estruturadas, e com um bom sistema de planejamento implantado, poderão se sobressair pelo pendor proativo das suas políticas empresariais. No que se refere às decisões a serem tomadas sobre a distribuição, elas deverão ter em conta possíveis e previsíveis mudanças ambientais que possam monitorizar diretamente. Desse modo, o sistema a ser implantado deverá ser confiável, seguro, mas suficientemente flexível para poder adaptar-se às futuras questões ambientais.

A postura habitual das empresas que não se preocupam com as mudanças no ambiente em que estão inseridas é reagir após verificarem alterações ambientais. Essa postura empresarial constitui-se em um ponto fraco, que pode ser explorado pela concorrência e causar prejuízo.

1.4 RELAÇÃO ENTRE OS CONCEITOS DE UTILIDADE E DISTRIBUIÇÃO

Distribuir produtos é colocá-los à disposição do consumidor final ou comprador industrial na quantidade, momento e lugar desejados pelo consumidor.

Se entendermos por utilidade conseguir que o consumidor se sinta satisfeito ao utilizar ou consumir um produto ou serviço, podemos afirmar que "a distribuição cria utilidade", pois é através da distribuição que o consumidor tem acesso aos produtos e serviços. Se esse acesso ocorrer nas condições pretendidas pelo consumidor, em termos de local, quantidade e momento, ele ficará satisfeito, o que provocará uma maior fidelização dele à marca, ou seja, a distribuição deve criar utilidades de tempo, lugar e posse.

Figura 1.3
Utilidade e distribuição

Utilidade de tempo
É criada quando o produto é colocado à disposição do consumidor no momento em que ele precisa.

Utilidade de lugar
É criada sempre com a existência de pontos de venda espalhados geograficamente de forma criteriosa, suficientemente próximos dos consumidores.

Utilidade de posse
É criada com a entrega do produto e a eventual mudança de propriedade dele.

Fonte: elaborada pelos autores.

Quando uma empresa realiza um planejamento estratégico, ou quando planeja estratégias de distribuição, as noções sobre utilidade devem estar presentes, visto representarem o referencial de qualquer sistema de distribuição.

1.4.1 Utilidade marginal

Se alguém compra um produto é porque essa transação lhe garante utilidade ou satisfação. Ao efetuar repetidas compras, a utilidade total derivada dessa iniciativa aumenta, mas este aumento não é proporcional ao aumento do consumo. A utilidade adicional derivada da última compra efetuada é definida como *utilidade marginal* do produto e é geralmente aceito que a utilidade marginal diminua com o aumento do consumo.

Essa noção de utilidade marginal e de sua relação com o consumo é também fundamental no estudo do marketing e particularmente no estudo da distribuição. Para qualquer gestor comercial, o grande objetivo é o sucesso da operação comercial, traduzida pela fidelização dos clientes aos produtos.

Decrescendo a utilidade marginal com a repetição do consumo, a preocupação do gestor comercial deverá ser inovar, substituir ou criar algum tipo de dependência do consumidor em relação aos seus produtos para garantir o sucesso em longo prazo da operação comercial.[3]

---

3. SOUSA, J. M. *Gestão*: técnicas e estratégias no contexto brasileiro. São Paulo: Saraiva, 2009. p. 92.

ESTUDO DE CASO

Canais de venda e de distribuição

Simone Terra

Durante os últimos anos, a indústria se direcionou cada vez mais para conseguir atingir seus canais de venda, definir sua rota, encontrar a melhor operação de distribuição e logística. Esse é um exercício que ainda está sendo praticado por uma série de grandes indústrias, pois o mercado não se define, não se estabiliza, está sempre mudando. Então abrem-se novos canais de venda e oportunidades para os produtos, assim como se detecta que outros são menos ou mais eficientes ao longo do tempo, reformulações são necessárias e assim sucessivamente. Com o advento do varejo de multiformato que identificamos claramente hoje (e já falei sobre isso neste blog inclusive), em que livrarias abrem cafés, cafés viram lojas de presente, lojas de turismo vendem sandálias havaianas, restaurantes viram locadoras, lojas de moda viram lojas de decoração e uma série de outras fusões que acontecem no varejo, é imprescindível estar com os olhos abertos para as novas oportunidades de venda e de contato com o seu público-alvo, seu perfil.

Hoje, o Trade Marketing está cada vez mais voltado para detectar essas oportunidades. Nessa busca é fundamental levar em consideração vários fatores para a escolha definitiva do canal. É importante detectar se esse ponto de venda é um ponto de contato com o meu público-alvo e, ao mesmo tempo, se é viável financeiramente distribuir meu produto nesse canal. Trabalhando com alguns critérios de ponderação e analisando os fatores determinantes para o nosso negócio, concluiremos quais são os melhores canais para estar presente. A categoria de sorvetes, por exemplo, está hoje presente em farmácias, bancas de jornal, papelarias, além dos tradicionais restaurantes, padarias, bares e botequins, conveniências e supermercados. Assim como vários produtos da categoria de bebidas, da categoria de salgadinhos, de chocolates e outros de consumo imediato. Entretanto, quando olhamos sandálias de borracha detectamos a mesma coisa, assim como determinados tipos de brinquedo.

Se aprofundarmos mais podemos detectar esse mesmo tipo de lógica em alguns artigos de presente, em determinados tipos de livros e revistas etc. A indústria definitivamente amplia seus canais de venda!

Certamente é muito mais fácil para uma indústria que faz sua própria distribuição do que para o pequeno varejo conseguir estar presente em diversos tipos de ponto de venda. Entretanto, o grande "pulo do gato" para vários produtos será este: onde poderemos estar sendo vendidos para criar diferenciais e atingir de forma segmentada meu público-alvo.

O varejo vem executando de alguma forma junções que parecem completamente absurdas e violentas, não estou nem questionando se elas são viáveis e exequíveis ou bem-sucedidas, falo isso quando penso em pet shop vendendo artigos de umbanda e lojas de umbanda vendendo artigos de pet shop.

Você consegue entender que não existe a menor lógica de junção de categorias afins.

Entretanto, paralelamente existem formatos maravilhosos que englobam essas misturas dentro de seu conceito e posicionamento.

É o caso da Tchibo, que é cafeteria na base, como se fosse uma Starbucks. Muito forte no café que produz, é uma marca que está sendo distribuída em supermercados, atuando através de quiosques de café em metrô, shoppings centers etc. Tem as suas lojas, próprias e franqueadas, focadas em vender artigos os mais diversos possíveis, que são de necessidade ou de impulsão, com preços interessantes e com uma lógica de trabalho focada em giro de estoque. Os produtos que ficam na Tchibo não ficam lá mais do que um determinado tempo, a não ser que tenham vendas tão grandes que fiquem constantes durante um maior tempo.

Quando você entra na loja, pode encontrar artigos de roupas, utilidades domésticas, meias, camisetas e casacos básicos de algodão, além de outras oportunidades que provavelmente são detectadas pela área de compras e entram em determinado momento como, por exemplo, as bicicletas perto do verão e os materiais de esqui perto do inverno.

Para concluir, a reflexão de hoje é sobre quais são os canais onde eu posso e devo estar presente, que são interessantes para minha a marca, em termos de visibilidade, e para o meu bolso, em termos de retorno. Boa reflexão, pessoal!

Fonte: TERRA, S. Canais de venda e de distribuição. *Shopper View*. Disponível em: <http://www.mundodomarketing.com.br/blogs/shopper-view/12937/canais-de-venda-e-de-distribuicao.html>. Acesso em: set. 2016.

VAMOS TESTAR SEUS CONHECIMENTOS?

1 Como a distribuição na atualidade pode ser usada para criar vantagens competitivas?

2 Utilidade de posse é criada com a entrega do produto e a eventual mudança de propriedade dele. Podemos dizer que tal utilidade representa um referencial para quem planeja qualquer tipo de sistema de distribuição?

3 "É criada quando o produto é colocado à disposição do consumidor no momento que ele necessita". A qual tipo de utilidade essa afirmativa se refere? Justifique sua resposta.

4 De todas as variáveis de marketing utilizadas para implementar as políticas comerciais, a distribuição é aquela que deverá ser analisada com maior cuidado e detalhe. As decisões sobre distribuição, uma vez tomadas, dificilmente poderão ser modificadas. Assim sendo, podemos afirmar que a distribuição é uma decisão de alta implicação? Justifique sua resposta.

5 A postura habitual das empresas que não se preocupam com as mudanças no ambiente em que estão inseridas é a de reagir após verificarem alterações ambientais. Essa atitude empresarial se constitui em um ponto fraco para tais empresas?

6 A distribuição é o instrumento do marketing que relaciona a produção com o consumo? Justifique sua resposta de forma lógico-argumentativa.

2

A gestão dos canais de distribuição

APRESENTAÇÃO

Você sabe que todos os dias milhares de produtos percorrem muitos quilômetros desde o produtor até o ponto de venda, não é? Tal fluxo é gerido por meio de um sistema relativamente complexo chamado **canal de distribuição**.

O ponto de partida, ou seja, o *input* do sistema é o produtor; o ponto de destino, o *output* é o consumidor. O conjunto de entidades, quer sejam pessoas ou organizações, situadas entre o produtor e o consumidor são designadas **intermediários**.

A escolha correta do canal pode ser decisiva para a organização no sentido de garantir maior eficácia e eficiência da função de distribuição. A boa gestão de canais se traduz em maior qualidade e custos ideais para as organizações.

OBJETIVOS

Este capítulo tem como objetivo discutir estratégias para a gestão correta do canal de distribuição por meio de seu planejamento eficiente. Analisaremos tipos de canais, modalidades de distribuição, conflitos recorrentes, integração e processos de modificação dos canais. Será possível compreender ainda os pontos sensíveis no percurso que os produtos fazem durante o processo de produção, desde a matéria-prima até o produto final.

2.1 O QUE SÃO CANAIS DE DISTRIBUIÇÃO

Para serem disponibilizados aos consumidores, os produtos passam por um sistema (do produtor ao mercado consumidor) chamado canal de distribuição, que, como dissemos na introdução, é relativamente complexo.

Stern e El-Ansary[1] definem canal de distribuição da seguinte forma: "Canais de distribuição são todas as estruturas, compostas por organizações interdependentes, envolvidas no processo de tornar um produto ou um serviço disponível para uso ou consumo".

Os canais de distribuição são constituídos pelo conjunto de pessoas ou organizações – **intermediários** – que promovem e facilitam a circulação dos produtos, desde o produtor até o consumidor.

Sousa[2] define o conceito de canal de distribuição como o conjunto de elementos materiais e humanos, internos ou externos à empresa, que designamos de intermediários e que ela utiliza para levar a cabo sua ação de distribuição.

Para disponibilizar produtos no mercado consumidor, as empresas utilizam-se dos seguintes intermediários:

---
1. STERN, L. W.; EL-ANSAR, A. I. *Marketing channels*. 4. ed. New Jersey: Prentice-Hall, 1992. p. 9.
2. SOUSA, J. M. *Gestão*: técnicas e estratégias no contexto brasileiro. São Paulo: Saraiva, 2009. p. 93.

Figura 2.1
Sequência de intermediários dos canais de distribuição

Fonte: elaborada pelos autores.

Os intermediários podem integrar as empresas produtoras ou serem independentes: agentes de venda comissionados, que utilizam transportes próprios ou mesmo exploram pontos de venda são casos de intermediários dependentes de empresas fornecedoras; já transportadores contratados para eventuais serviços de distribuição, atacadistas ou varejistas independentes, que estabelecem contratos de compra e venda de produtos ou de serviços, são organizações independentes dos fornecedores, mas que integram os canais de distribuição.

Também podem existir intermediários controlados pelos consumidores, como é o caso das cooperativas de consumo e dos clubes de compras que integram os canais de distribuição.

Kotler[3] caracteriza os intermediários da forma descrita a seguir.

- **Comerciantes:** compram, adquirem direitos sobre produtos e os revendem. Exemplos: atacadistas e varejistas.
- **Representantes:** buscam clientes e podem negociar em nome do fabricante sem, no entanto, ter direito sobre os produtos. Exemplos: corretores, representantes dos fabricantes ou representantes de vendas.
- **Facilitadores:** dão apoio ao processo de distribuição, mas não têm direito sobre os produtos nem negociam compras ou vendas. Exemplos: transportadoras, armazéns independentes, bancos e agências de publicidade.

---

3. KOTLER, P. *Os 10 pecados mortais do marketing*. Rio de Janeiro: Elsevier, 2004. p. 464.

Os canais de distribuição, parte integrante do processo de comercialização, além de garantirem a disponibilidade dos produtos nos mercados consumidores, devem também agir para desenvolver ou criar novos mercados. Os intermediários, quando integrados aos canais de distribuição que criam mercado, conquistando novos clientes para os fornecedores, estão aumentando sua base de clientes e desenvolvendo sua empresa.

Para se obter a máxima eficiência no processo de distribuição deve haver sintonia entre todos os intermediários – dependentes ou independentes dos fornecedores – que compõem o canal de distribuição, isto é, a estratégia previamente determinada para a distribuição deve ser adotada por todos os componentes do canal, pois somente dessa forma será possível cumprir a proposta de valor.

> **Posicionamento estratégico da Electric Cable, fabricante de materiais elétricos**
>
> **Entregas no mesmo dia, em todos os clientes da região metropolitana de São Paulo, para pedidos até às 12h**
>
> Para cumprir sua proposta de valor, a Electric Cable deverá contratar atacadistas e varejistas de materiais elétricos – que são seus clientes –, localizados estrategicamente na região metropolitana da cidade de São Paulo, os quais deverão manter estoques de seus produtos e adotar sua estratégia de posicionamento. Para isso, esses intermediários deverão possuir ou contratar meios de transporte que também concordem com as condições estabelecidas pela Electric Cable. Somente garantindo a coerência estratégica essa empresa conseguirá entregar ao mercado a proposta de valor com a qual se comprometeu.

O exemplo apresentado realça a necessidade do estabelecimento de uma estratégia única, que deverá ser repassada e cumprida pelos integrantes do canal, pois se cada membro adotar uma estratégia, o sistema perde sua eficiência. É assim necessário definir a quem competirá assumir a responsabilidade pelas funções de distribuição, isto é, qual empresa definirá a estratégia e, consequentemente, comandará as operações do canal de distribuição: produtor, intermediário, transportador ou consumidor.

No caso de grandes produtores com marcas conceituadas e que normalmente impõem sua estratégia aos componentes integrantes do canal, o controle do canal é exercido "de fora para dentro"; já quando grandes supermercados encomendam produtos de sua própria marca a pequenos fabricantes, o controle é exercido "de dentro para fora" pelo intermediário (nesse caso, o supermercado).

> **Marcas próprias**
>
> Marca própria, também chamada de marca do revendedor, da loja, da casa ou marca do distribuidor, é aquela desenvolvida pelos varejistas e atacadistas.*
> Normalmente está presente em grandes redes de varejo ou em supermercados.
>
> * KOTLER, 2004, p. 514.

A empresa que controla o canal de distribuição – o comandante – deve ter propostas de valor bem definidas e que, uma vez aceitas pelos intermediários integrantes do canal, devem ser convertidas em acordos de nível de serviço de forma a diminuir a probabilidade de ocorrência de conflitos internos, que poderão diminuir a eficiência do processo de comercialização.

> **Acordo de Nível de Serviço (ANS) ou Service Level Agreement (SLA)**
>
> Acordo firmado entre um fornecedor e uma empresa em que é estabelecido o tipo de serviço que será executado, condições, prazos, remunerações, entre outros atributos. Exemplo: o *call center* deverá atender a 80% das chamadas telefônicas em até 30 segundos.

2.2 PLANEJAMENTO DOS CANAIS DE DISTRIBUIÇÃO

Planejar um canal de distribuição significa decidir qual tipo de canal é mais adequado a determinada empresa e a seus produtos.

Como vimos, as decisões sobre distribuição são de longo prazo, requerendo muito cuidado e atenção, dado não poderem ser modificadas com facilidade, condicionando toda a estratégia comercial da empresa.

Para chegar ao consumidor, um produto deve passar por um canal de distribuição que é um sistema composto de uma série de patamares, isto é, intermediários, que irão de algum modo condicionar sua trajetória.

Para tipificarmos os canais de distribuição, servimo-nos da quantidade de patamares de que são compostos. Se o número de patamares – intermediários – do sistema for grande, então estaremos perante um **canal longo**. Se, pelo contrário, o número for pequeno, teremos um **canal curto**. Por vezes, pode haver situações sem intermediários, isto é, produtores que comercializam produtos diretamente aos seus clientes finais, e teremos nesse caso o chamado **canal direto**.

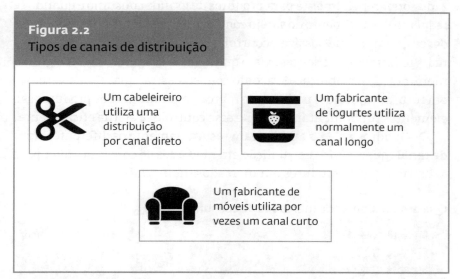

Figura 2.2
Tipos de canais de distribuição

Fonte: elaborada pelos autores.

Outra definição a se considerar é a de **profundidade**, medida pela quantidade de intermediários que constituem o canal. Por exemplo, um canal composto de exportador, importador e vários atacadistas e varejistas terá maior profundidade que um canal em que o produtor vende diretamente aos varejistas.

Cada canal tem características próprias, que condicionam sua escolha. A análise dessas características e seu reflexo na estratégia empresarial é o primeiro passo quando se planejam canais de distribuição. A seguir são analisadas as características de cada tipo de canal de distribuição.

2.2.1 Canal longo

No **canal longo** intervêm o atacadista, o varejista e eventualmente outros intermediários, como, por exemplo, o importador ou o agente comercial. Esse tipo de canal é usual para bens de consumo sempre que existem muitos varejistas que disponibilizam o mesmo produto e que a cobertura geográfica pretendida é muito abrangente.

Canais longos podem ser constituídos por dois ou mais atacadistas: um na origem, que acumula os produtos de vários produtores; outro numa posição intermédia, que garante a disseminação dos produtos por determinada região; e ainda um mais próximo a cada mercado, que coordena a distribuição do produto aos varejistas. Esses canais são utilizados preferencialmente para produtos de grande consumo e quando se requer reabastecimento do varejo com alguma frequência. Os produtores devem, sempre que possível, controlar seus produtos até aos patamares mais próximos dos clientes, visto que apenas dessa forma conseguirão monitorar a distribuição de acordo com sua estratégia. Como veremos em futuros capítulos, políticas de marca e a promoção dos produtos são elementos fundamentais para que esse controle se efetue eficazmente.

Os Quadros 2.1 e 2.2 apresentam resumidamente os diferentes tipos de canal, quer para a distribuição em mercados de consumo, quer para a distribuição de produtos em mercados industriais.

Quadro 2.1 Canais de mercados de consumo

Fabricante	→	→	→	→	→	→	Consumidor
Fabricante	→	→	→	→	Varejo	→	Consumidor
Fabricante	→	→	→	Atacadista	Varejo	→	Consumidor
Fabricante	→	Agente	→	Atacadista	Varejo	→	Consumidor
Fabricante	→	Atacadista (origem)	→	Atacadista (destino)	Varejo	→	Consumidor

Fonte: elaborado pelos autores.

Quadro 2.2 Canais de mercados industriais

Fabricante	→		→	Comprador industrial
Fabricante	→	Distribuidor	→	Comprador industrial
Fabricante	→	Agente	→	Comprador industrial

Fonte: elaborado pelos autores.

O principal objetivo de uma empresa produtora cuja política comercial seja do tipo marketing concept, isto é, orientada para o mercado, é que o resultado da venda de seus produtos provoque a satisfação dos consumidores, desse modo, ela tem consumidores leais. E será pela escolha de um sistema de distribuição apropriado que esse objetivo será mais facilmente atingido.

A principal precaução que o produtor deve tomar ao selecionar os membros do canal é conjugar seus objetivos com os dos intermediários que escolher como parceiros na distribuição e, para isso, a proposta de valor do comandante do canal e, em consequência, as estratégias dos outros membros do canal de distribuição devem estar alinhadas, o que se torna mais difícil de conseguir à medida que a profundidade do canal aumenta.

2.2.2 Canal curto

É o canal normalmente utilizado pelos distribuidores de bens de consumo sem recurso a atacadistas, isto é, diretamente do produtor aos varejistas. Por exemplo, distribuidores de eletrodomésticos e de automóveis utilizam canais curtos

Permite uma melhor cobertura do mercado que os canais diretos. É aconselhável para empresas em processo de expansão, contudo, requer uma rede de intermediários, que, embora pequena, pode levar a empresa produtora a ficar dependente de algum intermediário e perder o controle do canal. Para as empresas produtoras é essencial estabelecer contratos de nível de serviço bem formulados para diminuir a probabilidade de conflitos e maximizar o desempenho do sistema de distribuição. Alinhamento das estratégias dos membros do canal de distribuição

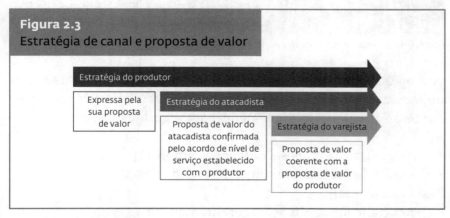

Figura 2.3 Estratégia de canal e proposta de valor

Fonte: elaborada pelos autores.

Os intermediários procuram reforçar sua identidade na mente dos consumidores, reforçando, de forma complementar, a imagem dos produtores junto aos consumidores; nesse sentido, o intermediário tratará de atrair seus clientes como compradores (ou *shoppers*), já o produtor atrairá consumidores.

> Um pacote de arroz de determinada marca pode ser adquirido em qualquer supermercado pelo mesmo preço, no entanto, consumidores identificam uma loja de sua preferência para comprá-lo.

A distinção entre o *shopper* ou comprador (Quadro 2.3) – que é fiel ao ponto de venda e responsável pelo *ticket* médio da loja – e o consumidor, que utiliza o produto, é fiel à marca e responsável pelo *market share* (participação de mercado) desse produto, auxilia no estabelecimento de estratégias de marketing dos intermediários do canal de distribuição.

Quadro 2.3 Comportamentos do comprador

	Comprador (shopper)		Observador de vitrines	Buscador de informação	Passante
	Utilitário	Recreativo			
Motivações principais	Compra de produtos ou serviços.	Compra produtos ou serviços como uma nova experiência recreativa.	Motivado pela pesquisa de preços e por novidades.	Procura informações.	Motivação recreativa.
Intenção de comprar no curto prazo	Tem intenção de comprar.	Tem intenção de comprar.	Pode ter intenção de comprar.	Sem intenção de comprar.	Sem intenção de comprar.

Fonte: FADY, A. et.al. *Merchandising*. 7. ed. Paris: Vuibert, 2012.

A opção por um canal de distribuição tem elevada implicação, pois impacta a estratégia da empresa produtora. Os critérios de seleção de canais de distribuição devem atender aos seguintes aspectos:

- manutenção da proposta de valor da empresa produtora;
- controle do processo de comercialização (identificação do comandante do canal);
- potencialidade de situações conflitantes.

2.2.3 Canal direto

O canal direto é usual na comercialização de serviços ou de bens industriais.

- No caso dos serviços, por suas características fundamentais – intangibilidade, variabilidade, relação pessoal e perecibilidade – não permitirem outra forma de distribuição, é utilizado o canal direto.
- Na comercialização de bens industriais, e sempre que a demanda estiver concentrada e os clientes forem bem definidos, é normal a utilização de canais diretos.

Os canais diretos têm a vantagem de ser completamente controlados pelos produtores e de proporcionarem à empresa produtora um melhor conhecimento do mercado, uma vez que ele receberá as informações a respeito instantaneamente. Têm, porém, o inconveniente de não permitirem uma grande dispersão geográfica e, no caso da comercialização de bens industriais, normalmente são requeridas redes de vendas de estruturas complexas e com profissionais altamente especializados.

A seguir analisaremos outros fatores determinantes na escolha dos canais de distribuição.

2.3 O PRODUTO E AS MODALIDADES DE DISTRIBUIÇÃO

Ao planejar canais de distribuição, além da análise de suas características, abordadas anteriormente, deve-se determinar qual a modalidade de distribuição (Quadro 2.4). Para isso, leva-se em consideração:

- as características dos produtos que a empresa comercializa;
- as características da empresa; e
- a estrutura do mercado.

Quadro 2.4 Modalidades de distribuição

Modalidade	Descrição
Extensiva	A distribuição extensiva utiliza canais de distribuição longos, criteriosamente implantados. Ao adotar esta modalidade, a empresa pretende alcançar o maior número possível de pontos de venda. Os produtos atingem mais consumidores, criando maiores utilidades de tempo, de lugar e de posse, no entanto, o custo para a empresa manter esta modalidade é elevado, assim como o risco de perda parcial de controle sobre o canal, sendo viável em empresas com um grande número de vendedores e importante organização comercial.
Exclusiva	Esta modalidade de distribuição pressupõe a concessão ao intermediário da exclusividade de distribuição do seu produto ou da sua marca em determinado território. Neste tipo de distribuição, os produtos têm bastante notoriedade e é dado ao intermediário o ônus da força de vendas, a responsabilidade de reparações técnicas e a assistência pós-venda.
Seletiva	Esta modalidade pressupõe um número reduzido de distribuidores. O ponto de venda e sua localização normalmente estão em causa na definição da seletividade. Frequentemente são fixadas cotas de venda dos produtos para os distribuidores, podendo ainda ser estabelecidos princípios de exclusividade de venda em certo território, embora com limites mais estreitos do que os considerados na exclusividade.
Intensiva	Utiliza-se esta modalidade de distribuição como complementar às modalidades de distribuição seletiva ou extensiva. Esta designação tem a ver com características temporais, quando é necessário concentrar esforços e capital em dados momentos e em certos canais de distribuição, que se tornam assim canais com maior fluxo momentâneo, logo com aumento de intensidade.

Fonte: elaborado pelos autores.

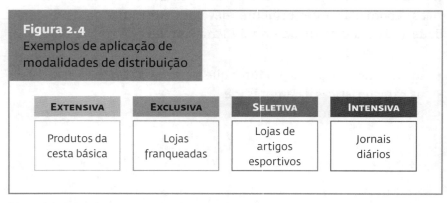

Figura 2.4
Exemplos de aplicação de modalidades de distribuição

Extensiva	Exclusiva	Seletiva	Intensiva
Produtos da cesta básica	Lojas franqueadas	Lojas de artigos esportivos	Jornais diários

Fonte: elaborada pelos autores.

Para implementar um sistema de distribuição utiliza-se a metodologia citada a seguir.

- Identifica-se a demanda dos consumidores, consoante as diferentes categorias de produtos.
- Tendo presente a estratégia empresarial de cobertura do mercado, determinam-se as áreas geográficas que se pretende atingir com os produtos.
- Escolhe-se a modalidade da distribuição mais apropriada, de acordo com as conclusões do ponto anterior.
- Determina-se o tipo de canal apropriado para se poder atingir os objetivos comerciais.

2.3.1 Classificação dos produtos

Para entender a relação entre produtos e as diferentes modalidades de distribuição, Aspinwall[4] estabeleceu a seguinte classificação de produtos.

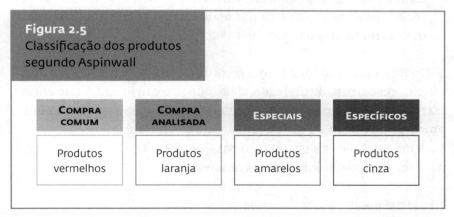

Fonte: elaborada pelos autores.

2.3.1.1 Produtos de compra comum

Esses produtos, também chamados de produtos vermelhos, são produtos de baixo valor monetário, que o consumidor adquire frequentemente e quase sem esforço. As transações desses produtos são operações de baixa implicação. Sua rotação nos varejistas é elevada.

---

4. ASPINWALL, 1962, apud COBRA, M.; BREZZO, R. *O novo marketing*. Rio de Janeiro: Elsiever, 2009. p. 24.

Podem dividir-se nas seguintes categorias, descritas a seguir.

- **Produtos básicos:** Os consumidores têm normalmente grande lealdade à marca de preferência. São produtos em que a variável preço tem grande importância. A concorrência é grande e normalmente eles também são comercializados com marcas próprias dos distribuidores. Exemplos: leite, manteiga, açúcar, detergente, massas alimentícias etc.
- **Produtos de compra instantânea:** Muitas vezes são comprados por impulso. São produtos que normalmente não constam da lista de compras dos *shoppers*; requerem cuidados especiais em sua exposição, nomeadamente nos livres serviços, onde são tratados devidamente pelos técnicos de merchandising. Exemplos: doces, chicletes, chocolates, sorvetes, revistas especializadas etc.
- **Produtos de compra urgente:** São produtos que exigem a máxima cobertura possível do mercado. A marca tem pouca influência na tomada de decisão pelo consumidor, a principal utilidade para o consumidor refere-se ao lugar onde estão disponíveis. Exemplos: medicamentos, guarda-chuvas etc.

Todos os produtos de compra comum devem ser distribuídos com a máxima cobertura de mercado, dado que se o consumidor não encontrar a marca ou o produto que pretende num dado estabelecimento, procurará em seguida um substituto na concorrência.

A modalidade de distribuição para os produtos de compra comum deve ser do tipo **distribuição extensiva.**

2.3.1.2 *Produtos de compra analisada*

Esses produtos, também chamados de produtos laranja na classificação de Aspinwall, são aqueles em que a marca representa uma característica importante no processo de tomada de decisão de compra. As transações não são tão frequentes como no caso dos produtos de compra comum. Seu valor unitário é médio em termos de poder de compra.

Nesse caso, o consumidor investe tempo para analisar as diversas opções de compra e adota um comportamento de *shopper*, e os vendedores do varejo exercem papel decisivo na tomada de uma decisão. Exemplos: itens de vestuário, calçados, artigos desportivos, artigos decorativos etc.

A distribuição aconselhada para os produtos de compra analisada é do tipo **distribuição seletiva**.

2.3.1.3 Produtos especiais

Nesses produtos, também chamados de produtos amarelos, a marca é o atributo que mais influencia a tomada de decisão de compra, pois induz no consumidor uma satisfação de ordem psicológica. O consumidor sabe normalmente o que quer e onde comprar. O posicionamento desses produtos é essencial para ajudar o consumidor na tomada de decisão. São produtos de baixa rotatividade e de alto valor unitário. Sua compra envolve uma decisão de alta implicação. Exemplos: automóveis de uso pessoal, joias e relógios de marcas associadas a *status*, viagens de turismo etc.

Para a distribuição destes produtos, a estratégia aconselhável é do tipo **distribuição exclusiva**.

2.3.1.4 Produtos específicos

São produtos que, em regra geral, o consumidor não conhece em pormenor e que exigem da parte do canal de distribuição um grande esforço de venda. A informação captada pelos consumidores nunca é suficiente e por isso são necessários vendedores com boa formação e elevado grau de conhecimento sobre os produtos e a concorrência. Exemplos: seguros especiais, máquinas de cortar grama etc.

Para distribuir esses produtos, muitas empresas optam por um canal de distribuição direto e por estratégias do tipo **distribuição seletiva**.

2.3.2 Modalidades de distribuição

Uma vez referidas a classificação dos produtos e sua influência no processo de decisão quanto à modalidade dos canais de distribuição, passamos a analisar mais pormenorizadamente as diferentes modalidades de distribuição, realçando suas características.

2.3.2.1 Distribuição extensiva

Ao utilizar essa modalidade, pretende-se alcançar o maior número possível de pontos de venda. É viável em empresas com grande número de vendedores e importante organização comercial, pois requer um grande aporte financeiro. A distribuição extensiva pode ser utilizada em canais de distribuição longos, criteriosamente implantados.

Dependendo da profundidade dos canais, o risco de não se controlar convenientemente o mercado varia, sendo maior em canais longos do que em canais curtos.

Oferece a vantagem de os produtos conseguirem atingir o maior número de consumidores, criando maiores utilidades de tempo, lugar e posse. As desvantagens são fundamentalmente o elevado custo para a empresa desse tipo de distribuição e uma possível perda parcial de controle sobre o canal. As políticas utilizadas são do tipo *pull*, atraindo os consumidores ao canal de distribuição por meio de fortes promoções.

O preço é a variável que requer mais atenção ao se adotar essa modalidade. É aconselhável a utilização de modalidades extensivas de distribuição em empresas produtoras de bens de primeira necessidade, com grande notoriedade de marca, nas que comercializam produtos do tipo *commodities* ou ainda nas farmacêuticas.

Estratégias de *push* e de *pull*

As estratégias de *push* fazem apelo à venda pessoal e, portanto, "empurram" para os distribuidores todo o ônus da venda, inclusive a política de comunicação. No caso das empresas de pequeno porte esta é a opção possível e aconselhável quando se trata de transações de produtos industriais, com canais de distribuição curtos, que se dirigem a determinados nichos de mercado.

As estratégias do tipo *pull* dependem da propaganda e da comunicação de massa e aplicam-se a produtos orientados para o grande consumo. Exemplos: vinhos, calças *jeans* de marca, redes de lojas em franquias, ou seja, produtos e serviços com marca de notoriedade.*

*SOUSA, 2009, p. 101.

2.3.2.2 Distribuição exclusiva

Essa modalidade de distribuição pressupõe a concessão ao intermediário da exclusividade da distribuição do produto ou marca em determinado território. Pressupõe ainda que o intermediário concessionado não venda produtos similares de outras marcas. É usada principalmente na comercialização de marcas renomadas de produtos com elevado valor unitário e também por pequenas e médias empresas em transações internacionais, quando não há um grande conhecimento do mercado de exportação.

Nesse tipo de distribuição normalmente é dado ao intermediário o ônus da força de vendas, a responsabilidade por reparações técnicas e a assistência pós-venda.

Um tipo particular dessa modalidade de distribuição é o sistema de franquia ou *franchising*. Nesse sistema é garantido ao franquiado que os produtos serão por ele comercializados de forma exclusiva em determinado território.

> Uma loja de artigos de luxo estará mal localizada num **shopping** de artigos populares

2.3.2.3 Distribuição seletiva

Essa modalidade pressupõe um número reduzido de pontos de venda. Ao adotá-la, a empresa produtora deverá ter particular atenção à localização dos pontos de venda selecionados para integrar os canais de distribuição, pois deverão estar situados em áreas normalmente frequentadas por consumidores representantes do público-alvo da empresa.

Normalmente são fixadas cotas de venda dos produtos para os distribuidores, podendo ainda ser estabelecidos princípios de exclusividade de venda em certo território, embora com limites mais estreitos do que os definidos na exclusividade. Na seleção dos distribuidores, utilizam-se os seguintes critérios:

- seleção natural, quando ocasionada pela natureza do produto;
- posicionamento, quando ocasionada por decisão estratégica.

São utilizadas fundamentalmente políticas do tipo *push*, devendo por isso o distribuidor, como retribuição pela sua seleção, efetuar um maior esforço para fomentar a venda dos produtos.

Essa modalidade tem como vantagem o fato de acarretar menores custos para o produtor, permitindo-lhe uma reação rápida às solicitações do mercado. Além disso, o produtor tem maior controle sobre o canal, sobretudo no que refere ao posicionamento dos seus produtos.

A maior desvantagem reside no fato de que, não estando o produto em "todo lugar", a concorrência pode tirar proveito da utilidade não fornecida – a de lugar; também pelo fato de o produto estar em lojas selecionadas, o consumidor demorará mais tempo para conhecê-lo.

A distribuição seletiva utiliza principalmente os centros comerciais como locais ideais para a venda de produtos. A circulação de grandes massas populacionais por esses locais instiga os varejistas a conceberem estratégias inovadoras de atratividade, transformando *shoppers* observadores de vitrines, buscadores de informações ou mesmo passantes (visto no Quadro 2.3) em compradores. Essas estratégias são normalmente complementadas por propaganda e promoções.

O analista de distribuição, ao selecionar um ponto de venda para compor seu canal de distribuição, deve analisar a força que a notoriedade da loja e sua marca exercem no processo de decisão do consumidor para não perder o controle do canal de distribuição.

Qual loja selecionar?

João foi à loja do *shopping* que normalmente visita para adquirir material esportivo e constatou que o produto da marca que pretendia comprar não estava disponível. O que fazer? Comprar nesse estabelecimento um produto similar de outra marca ou comprar em outra loja do *shopping*?

No caso de ruptura de estoque de um produto em determinado ponto de venda, se esse produto tiver uma forte imagem de marca, será normal que o consumidor vá a outro ponto de venda para adquiri-lo, independentemente do esforço de venda que o varejista fizer. Já se o ponto de venda tiver bastante notoriedade, então será mais fácil ao varejista induzir seu cliente a consumir um produto semelhante de outra marca.

São exemplos dessa modalidade de distribuição as lojas de artigos esportivos, de confecções e de calçados.

2.3.2.4 Distribuição intensiva

Utiliza-se essa modalidade de distribuição como complemento das modalidades de distribuição seletiva ou extensiva. Essa designação tem a ver com necessidades recorrentes de cumprir prazos de entrega. Nessa modalidade é necessário concentrar esforços e capital em dados momentos e em certos canais de distribuição, que se tornam, assim, canais com maior fluxo momentâneo, logo com aumento de intensidade.

Um exemplo é o reflexo comercial das campanhas promocionais, junto a alguns canais, em empresas de produtos alimentícios ou cosméticos, normalmente concentradas temporariamente em determinadas zonas geográficas. As empresas produtoras de gelados são um exemplo típico dessa modalidade de distribuição.

2.4 SELEÇÃO DE CANAIS DE DISTRIBUIÇÃO

Como vimos anteriormente, a escolha de **canais de distribuição** e da respectiva **modalidade** não é tarefa fácil. Para isso, além dos aspectos já referidos, deverão ser considerados outros fatores não menos relevantes, que condicionam a escolha do tipo de distribuição:

- fatores de caráter genérico;
- fatores específicos.

2.4.1 Fatores de caráter genérico
Refletem aspectos ambientais e não controláveis pela empresa.

2.4.1.1 Aspectos econômicos
Muitas empresas, embora aspirem a determinado sistema de distribuição, não terão orçamento que lhes permita implementá-lo. A implementação de uma estratégia *pull*, ou de atração ao canal, requer normalmente um grande esforço financeiro.

2.4.1.2 Considerações sobre controle do mercado
Quando se opta por estratégias do tipo *push* transfere-se para o canal o ônus da venda e pode-se perder parcialmente o controle do negócio, sobretudo quando o distribuidor já comercializa marcas com alguma notoriedade ou marca própria. A perda de controle traduz-se normalmente em maior dependência dos produtores em relação aos distribuidores, o que na prática se reflete num aumento significativo do risco das operações comerciais.

2.4.1.3 Tradições no setor
Os sistemas de distribuição adotados tradicionalmente no setor onde está implantada a empresa produtora também condicionarão a escolha de forma relevante. Uma alteração, por imposição, do sistema tradicionalmente vigente não tem efeitos positivos na maioria dos casos.

2.4.1.4 Hábitos do consumidor

As decisões deverão ter em conta os hábitos de compra do consumidor no mercado em causa, nomeadamente a frequência e o volume das transações.

2.4.2 Fatores específicos

São todos os aspectos controláveis pela empresa, sejam eles internos ou relacionados aos mercados de atuação da empresa.

2.4.2.1 Características do mercado

Se o mercado estiver concentrado ou houver poucos compradores, como muitas vezes é o caso dos mercados industriais, são requeridos, de preferência, canais curtos de distribuição.

Se o mercado estiver disperso, se as compras forem frequentes e em quantidade pequena, é aconselhável uma distribuição intensiva.

Por vezes, pode ser aconselhada a utilização de mais de um canal de distribuição, sobretudo quando os hábitos dos consumidores o exigem, como, por exemplo, no caso dos preservativos (farmácias e supermercados) com dois canais de distribuição distintos, visto haver preferências distintas quanto ao lugar de compra.

2.4.2.2 Características do produto

Entre as características dos produtos que condicionam os canais de distribuição salientamos as seguintes.

- **Preço**
    - Preço alto ou com margens apreciáveis permite a venda direta ou exclusiva.
    - Preço baixos requerem distribuição direta ou muitas vezes canais de distribuição longos.
- **Sazonalidade**
    - Produtos com vendas exclusivas ou especialmente centralizadas numa determinada estação também limitam a escolha de canais de distribuição. Exemplo: aparelhos de ar-condicionado.
- **Rotatividade**
    - Com grande rotatividade de produtos, a relação fornecedores-intermediário será mais frequente.

- **Configuração do produto**
  - Produtos com configurações especiais vão requerer distribuidores adaptados.
- **Complexidade**
  - Se o produto for tecnicamente complexo, exigirá dos distribuidores preparação adequada.
- **Moda/estilo**
  - Produtos de moda requerem distribuidores adaptados e pessoal experimentado, como, por exemplo, vitrinistas.
- **Portfólio**
  - Quanto maior for a variedade de produtos que a empresa pretende comercializar, maior será a possibilidade de adotar a distribuição direta, sobretudo quando produtos diferentes utilizam diferentes sistemas de distribuição.
- **Serviços pós-venda**
  - Se o pós-venda pesar muito na venda, será aconselhável uma distribuição exclusiva ou seletiva.
- **Prestígio/imagem**
  - Um produto com imagem de notoriedade requer do canal um menor esforço de venda, facilitando a opção pela modalidade de distribuição e, em consequência, pelos intermediários que irão integrar o canal de distribuição.
- **Novidade**
  - Quanto mais novo for o produto, maior será a necessidade de "educar" o consumidor, para o que serão necessários canais mais especializados.

2.4.2.3 *Características dos intermediários*
Deve-se considerar a disponibilidade dos distribuidores para agregarem novos produtos ao seu inventário, sua eficiência e a compatibilidade dos seus objetivos com os do produtor, sobretudo na harmonização das políticas de marketing.

2.4.2.4 *Concorrência*
As formas tradicionais de "seguidismo" da concorrência em termos de distribuição criam hábitos nos consumidores dificilmente modificáveis. No entanto, é possível quebrar hábitos tradicionais. Um exemplo

é a marca de cosméticos Natura, que utiliza a venda direta em vez da tradicional comercialização em farmácias e perfumarias.

2.4.2.5 Objetivos da estratégia comercial

Se o fabricante confiar no canal, poderá optar por uma estratégia *push*, incentivando atacadistas e varejistas com melhores preços, descontos e publicidade, que instigarão a promoção das vendas. No entanto, se optar por uma estratégia *pull*, cuja finalidade é atrair o consumidor ao canal por uma forte promoção realizada pelo próprio fabricante, não haverá necessidade de os canais serem tão qualificados, e atacadistas e varejistas serão estimulados a estocar produtos para responder à demanda.

2.4.2.6 Recursos disponíveis, receitas e custos

A modalidade de distribuição direta pressupõe custos fixos elevados que, para serem recompensados, requerem altos volumes de venda ou elevadas margens. A distribuição exclusiva através de intermediários não tem custos fixos elevados, mas devem ser considerados os custos de intermediação,[5] que poderão ser altos.

A opção pela modalidade de distribuição que otimiza os custos pode ser esquematizada de acordo com a seguinte formulação:

i. Custos totais da distribuição direta

$$CT_1 = CF + aV$$

em que:
CT_1 = Custos totais de distribuição direta;
CF = Custos fixos;
a = Custo variável unitário de distribuição direta;
V = Volume de vendas em unidades.

ii. Custo totais da distribuição através de intermediários

$$CT_2 = CF_2 + Cint + bV$$

em que:
CT_2 = Custos totais da distribuição com intermediários;
CF_2 = Custos fixos;

---

5. SOUSA, 2009, p. 101.

Cint = Custos de intermediação;
b = Custo variável unitário de distribuição por meio de intermediários;
V = Volume de vendas em unidades.

Representando graficamente os custos totais (CT) em ordenadas e o volume de unidades vendidas (V) em abcissas, obtemos o gráfico a seguir.

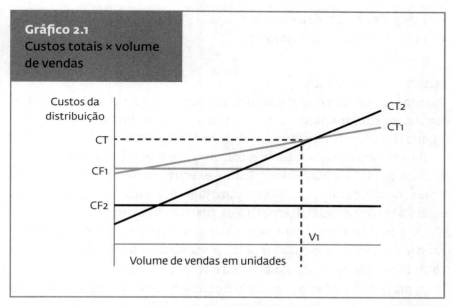

Gráfico 2.1
Custos totais × volume de vendas

Fonte: elaborado pelos autores.

Quando: $CT_1 = CT_2 \rightarrow CF_1 + aV_1 = CF_2 + Cint + bV_1$
Então: $V_1 = CF_2 + Cint - CF_1 / (a - b)$

Ou seja, com base na análise de custos de distribuição, a modalidade de distribuição direta será aconselhável para volumes de venda inferiores a V_1; para volumes superiores, a distribuição por meio de intermediários acarreta menores custos.

2.4.2.7 Limitações legais

A existência de legislação que restrinja horários de funcionamento pode condicionar a opção por determinado sistema de distribuição.

A seleção dos canais de distribuição é condicionada por fatores ambientais não controláveis pela empresa, fatores específicos de cada empresa e referentes a seu relacionamento com os mercados em que atua, e também pelas estratégias empresariais.

Um dos sistemas que os gestores podem utilizar para avaliar e eleger as possíveis alternativas é a quantificação dos critérios ou fatores considerados relevantes. Com base nesse processo, podemos aplicar dois tipos de metodologia:

- métodos compensatórios;
- métodos não compensatórios.

Métodos compensatórios

Para levar a cabo esse método, utilizaremos uma análise do tipo *trade--off*.[6] Em primeiro lugar, escolhem-se os fatores considerados fundamentais para influenciar a escolha de determinada opção. A seguir, atribuem-se pesos aos fatores escolhidos, de modo que a soma dos pesos seja igual à unidade. Por último, executa-se o *trade-off* atribuindo notas (desempenho) aos fatores considerados numa escala de 1 a 10, relativamente a cada alternativa de distribuição em análise.

Os pesos relativos (com valores de 0 a 1) para cada fator considerado podem ser determinados pela aplicação de um questionário sobre individualidades relacionadas com o setor de atividade em causa; ou seja, procura-se saber o grau de influência que as variáveis escolhidas têm na determinação do problema em análise.

No exemplo do quadro a seguir é utilizada uma metodologia de soma certa. Considera-se que os questionários tenham sido respondidos de forma que o total dos pesos fosse 1,0. Para atribuir as notas (1 a 10) foram utilizados valores de referência (índices), sendo que o valor 10 representa o "melhor" desempenho.

No exemplo, o acesso ao consumidor poderia estar relacionado à localização dos pontos de venda e respectivo acesso (transportes públicos, estacionamento, fluxo de trânsito previsto) para cada alternativa.

Para obter o resultado final, multiplicam-se as notas atribuídas pela ponderação dos diversos fatores, somando os resultados de cada

---

6. Relação funcional entre os componentes de um sistema que pode estimular ou inibir a *performance* conjunta.

alternativa. A escolha recairá sobre a alternativa que apresentar um valor mais elevado.

Nesse método, as ponderações de valor baixo, de um fator, são compensadas com as ponderações altas de outro, minimizando possíveis erros de apreciação.

Analisemos qual a melhor opção entre distribuição extensiva (A); distribuição seletiva (B) e distribuição exclusiva (C).

Tabela 2.1 Métodos compensatórios

| Fator de Avaliação | Peso | Pontuações das alternativas ||||||
| | | A || B || C ||
		Nota	Pontuação	Nota	Pontuação	Nota	Pontuação
Acesso ao consumidor	0,3	2	0,6	5	1,5	10	3,0
Benefício esperado	0,5	5	2,5	6	3,0	7	3,5
Investimento	0,2	9	1,8	5	1,0	1	0,2
TOTAL	1,0		4,9		5,5		6,7

Fonte: elaborada pelos autores.

Conclusão: A alternativa (C) – distribuição exclusiva – é a que tem maior ponderação e, como tal, deverá ser a escolhida segundo esse critério.

Métodos não compensatórios
Nesses métodos atribui-se um valor de nível mínimo (pontuação) a cada critério. Se não se consegue pontuar acima desse nível, rejeita-se a alternativa. São mais dependentes da análise de quem determina o valor da pontuação, visto não serem compensados pelo *trade--off* das variáveis.

Com base no exemplo anterior e aplicando essa metodologia chegaremos à seguinte conclusão:

Tabela 2.2 Métodos não compensatórios

Fator de avaliação	Nível Mínimo	Pontuações das alternativas				
		A		B		C	
		Pontuação	Avaliação	Pont.	Aval.	Pont.	Aval.
Acesso ao consumidor	4	2	F**	5	F	10	P
Benefício esperado	5	5	P*	6	P	7	P
Investimento	5	9	P	5	P	1	F

*P = passa
**F = não passa
Fonte: elaborada pelos autores.

Conclusão: Só a alternativa (B) – distribuição seletiva – supera os níveis mínimos e, como tal, deverá ser escolhida segundo esse critério.

2.5 A GESTÃO DA DISTRIBUIÇÃO E A RELAÇÃO DE PODER ENTRE OS INTERMEDIÁRIOS

Após a escolha do sistema de distribuição a implantar, a gestão da distribuição deve preocupar-se com a seleção dos intermediários que irão compor o canal, as motivações que lhes serão propostas, a determinação de sistemas de avaliação a que serão submetidos e as relações de poder no canal de distribuição.

2.5.1 Seleção de intermediários

Os critérios utilizados para a seleção dos intermediários variam de caso para caso, mas dependem fundamentalmente da imagem da empresa. Uma empresa com boa imagem será atraída por grande número de atacadistas e varejistas. Pelo contrário, uma empresa recente no mercado ou com uma imagem sem grande notoriedade deverá procurar seus distribuidores, e o processo de seleção será mais moroso.

Os critérios deverão levar em conta não só a atividade atual do potencial intermediário mas também sua localização geográfica, nomeadamente a área de mercado onde o intermediário está inserido, o potencial de vendas, as características da clientela e os métodos tradicionais de vendas do setor na zona em causa.

> **Área de mercado ou área de influência ou área comercial**
>
> Área geograficamente delimitada onde estão potenciais consumidores de bens e serviços reportada a um ponto de venda ou um conjunto de pontos de venda. Na **área de mercado,** o comerciante desenvolve relações privilegiadas com seus clientes. Ser uma boa **área de mercado** significa ter muitos clientes e não necessariamente mercadoria abundante na loja.

Para avaliar a atividade atual do potencial intermediário, devem ser analisadas questões de imagem, estabilidade financeira, identificação de marcas concorrentes que já são comercializadas por ele e qual o posicionamento do ponto de venda no mercado em referência.

Na análise da área de mercado do potencial intermediário deverão ser levados em conta não só as interferências da concorrência atual e futura no negócio como também o potencial econômico da área (tema que será analisado no **Capítulo 5**) e o potencial de vendas.

O potencial de vendas de um intermediário tem de atender à sua quota de mercado considerando o crescimento demográfico previsível da sua zona de influência e o potencial crescimento do poder de compra dos consumidores.

Sobre os métodos tradicionais de venda, convém notar que em certos mercados de tendências conservadoras uma mudança radical de canais de distribuição nem sempre é bem-sucedida ou pode provocar fortes turbulências. Como exemplo, citamos a resistência do Conselho Federal de Farmácia à introdução de remédios analgésicos e antitérmicos, até agora somente vendidos em drogarias, nos supermercados.

2.5.2 Motivação dos intermediários

Uma vez escolhido o sistema de distribuição e os intermediários que o integrarão, deve-se estudar quais benefícios serão concedidos aos intermediários, de modo a motivá-los na execução de suas tarefas de comercialização.

Os intermediários não ganham salário fixo, seus proveitos são obtidos em função das margens dos produtos que vendam, isto é, à custa do diferencial entre a compra efetuada de produtores, ou outros intermediários, e a venda a consumidores ou a outros intermediários.

A questão da motivação pode ser analisada sob diferentes óticas:

- quanto à forma, isto é, quais os programas de motivação que a empresa produtora poderá implementar; e
- quanto ao conteúdo, ou seja, qual a composição das ações que ocorrerão através dos programas definidos.

Constituindo a motivação uma poderosa alavanca para a *performance* do sistema comercial, deve ser objeto de especial atenção e de contínua realização, quer através de ações pontuais, quer através de ações continuadas, que serão protagonizadas em grande parte pela força de vendas da empresa produtora.

A grande questão será a determinação do tipo de gestão de clientes (distribuidores) a ser efetuada pela empresa, e quais as estratégias possíveis para se estabelecer um relacionamento de cooperação.

McVey[7] define as possibilidades a seguir para esse relacionamento.

- **Cooperação:** estratégia mais utilizada pelos produtores, que consiste em conceder vantagens e prêmios aos intermediários sempre que sua atividade os favorecer; caso contrário, são aplicadas sanções do tipo redução de margens.
- **Associação:** sistema mais evoluído, que passa por uma definição prévia de metas que o produtor pretende ver atingidas pelo distribuidor, é por norma compensado com um plano escalonado de retribuições ao distribuidor.
- **Programação da distribuição:** planejamento conjunto entre produtor e distribuidor, no qual todas as ações das operações de distribuição são acompanhadas por ambos e, quando necessário, são tomadas medidas retificativas.

As estratégias de motivação devem estar alinhadas aos objetivos empresariais relativos à comercialização, ou seja, o conjunto de ações que serão utilizadas para realizar os programas de motivação devem ter presentes os objetivos empresariais relativos à área comercial.

---

7. McVEY, Philip. Are channels of distribution what textbooks say? *Journal of Marketing*, p. 61, Jan. 1960.

No Quadro 2.5 podemos observar que esses objetivos dizem respeito não só à direção de distribuição como também à direção de vendas, pois é através desta que eles poderão ser implementados no terreno.[8]

Os objetivos mais utilizados pelas empresas no que diz respeito a vendas e distribuição estão listados abaixo.

- **Desenvolvimento de contas**: a empresa propõe-se a aumentar o número atual de contas (clientes).
- **Apoio ao distribuidor:** objetivo típico das empresas que pretendem implementar estratégias de associação ou de programação de distribuição com os intermediários.
- **Manutenção de contas:** a preocupação da gestão da distribuição foca a manutenção dos clientes atuais, embora com preocupações no que se refere ao lançamento de novos produtos ou serviços adicionais.
- **Penetração de contas:** as empresas têm por objetivo vender mais aos clientes já existentes.

Quadro 2.5 Objetivos de vendas e estratégia empresarial

Objetivos de distribuição e vendas	Influência nas estratégias empresariais
Desenvolvimento de contas	• Maior disponibilidade dos produtos face à concorrência. • Acesso a novos segmentos de mercado. • Aumento da capacidade de compra.
Apoio ao distribuidor	• Maior disponibilidade de produtos. • Aumento da taxa de consumo. • Redução das oportunidades da concorrência. • Aumento dos suportes promocionais face à concorrência.
Manutenção de contas	• Garantia da satisfação do consumidor. • Redução das oportunidades da concorrência.
Penetração de contas	• Simplificação. • Aumento da taxa de consumo e do volume de compras. • Aumento da capacidade de compra. • Concorrência apertada. • Venda de produtos complementares.

Fonte: elaborado pelos autores.

---

8. GUILTINAN, J.; PAUL, G. *Marketing management, strategies and programs*. 4. ed. New York: McGraw-Hill, 1991, p. 323.

Note que só é possível implantar essas estratégias se houver uma intensa colaboração dos intermediários. Para que essa "vontade" exista, torna-se necessário estabelecer uma forte política de motivação.

Os programas de motivação são, em regra, transmitidos pela força de vendas nas suas visitas aos distribuidores, tomam a forma de apelo de venda e podem ser classificados nas seguintes categorias:

- apelos ao produto;
- apelos logísticos;
- apelos à simplificação;
- apelos à proteção dos distribuidores;
- apelos ao preço;
- apelos financeiros.

Os **apelos ao produto** realçam as características dos produtos que possam beneficiar os distribuidores e são utilizados quando surgem inovações nos itens que estão sendo comercializados ou naqueles relançados no mercado.

Os **apelos logísticos** são adotados sempre que se acordam políticas de entrega com maior frequência. Sendo o custo dos estoques elevado, é frequente os distribuidores pedirem menores quantidades de produto com maior número de entregas. Os produtores, por antecipação, podem obter vantagens competitivas se assegurarem aos distribuidores entregas rápidas para as suas encomendas.

Os **apelos à simplificação** são usados para diminuir os custos de manuseio e promoção dos produtos. Por exemplo, os produtores podem oferecer pré-etiquetagem para os produtos de sua comercialização.

Os **apelos à proteção dos distribuidores** são utilizados sempre que é necessário proteger os distribuidores da própria concorrência, como, por exemplo, nomeando-os exclusivistas em determinada área, vendendo produtos a eles em consignação ou assegurando-lhes a retoma de itens não vendidos.

Os **apelos ao preço** são aqueles a que os intermediários são mais sensíveis, pois têm a ver com a determinação dos preços de comercialização em consequência dos descontos oferecidos.

Os **apelos financeiros** estão relacionados com as condições de pagamento exigidas pelos produtores aos intermediários.

Os intermediários devem estar suficientemente motivados para venderem os produtos. Na realidade, eles se dividem em duas grandes classes: aqueles que se esforçam para isso e aqueles que tomam posturas passivas em relação às vendas. A empresa deve distinguir esses dois tipos, procurando, através de uma política de motivação correta, levar os distribuidores que tomam posições reativas a interessar-se pela venda de seus produtos. Essa política passará não só pela aplicação dos apelos mais oportunos, mas também pela aproximação dos produtores aos intermediários, o que se pode traduzir em programas de treino e de informação.

Pode acontecer de uma empresa produtora não conseguir escoar seus produtos em determinada região, embora seus vendedores tenham excelente desempenho em outras regiões. Para impulsionar as vendas, ela poderá estabelecer uma premiação para o *sell out*, o que motivaria vendedores e contribuiria com o estabelecimento no que se refere aos vendedores de postura proativa.

> **Sell in** – venda ao canal de distribuição
> **Sell out** – venda ao consumidor final

Normalmente, um intermediário prefere vender os produtos que os clientes lhe pedem, isto é, tenta vender com o menor esforço, o que é lógico e aceitável. Assim, poderíamos dizer que só as estratégias cuja finalidade seja atrair consumidores ao canal de distribuição (tipo *pull*) são válidas. Contudo, elas requerem investimentos importantes em comunicação, que nem sempre estão ao alcance de todas as empresas; por outro lado, a grande proliferação de produtos similares faz com que a concorrência aumente em flecha, motivo pelo qual os distribuidores muito dificilmente poderão adotar posturas passivas.

Mesmo com posturas ativas e cooperantes na distribuição, os intermediários continuarão a preferir vender produtos cuja venda seja menos trabalhosa, por isso sempre que as empresas por qualquer motivo procuram adotar estratégias de distribuição do tipo *push*, isto é, empurrando para o canal o ônus da venda, devem complementar essas estratégias com políticas de motivação dos intermediários.

2.5.3 Avaliação dos intermediários

O produtor deve proceder a uma avaliação periódica dos intermediários que compõem o canal. Essa avaliação deve ter como principal objetivo a procura de possíveis indícios de falta de harmonia entre as políticas de ambas as empresas ou de dificuldades de adaptação mútua aos programas estabelecidos. Deve também avaliar as metas propostas e as atingidas, as razões pelas quais os objetivos não foram alcançados e enquadrar e harmonizar as respectivas políticas empresariais.

A avaliação precisa ser eficaz, construtiva e ser vista pelas empresas não como um fim, mas como um meio de resolução de eventuais problemas, nunca devendo tomar a forma de uma ação persecutória. Para isso, as situações a serem analisadas deverão ser conjuntamente definidas, e as soluções a serem aplicadas, adotadas em consenso.

2.5.4 O poder e os intermediários

Fator determinante no planejamento dos canais de distribuição, trata-se da determinação do poder de cada uma das entidades envolvidas no processo, sejam elas internas ou externas ao sistema de distribuição, mas que de algum modo o influenciam.

O poder é a capacidade que determinado membro do canal tem de influenciar outro membro a tomar determinada atitude. Dessa definição deduz-se a complementaridade entre o poder e a persuasão:[9]

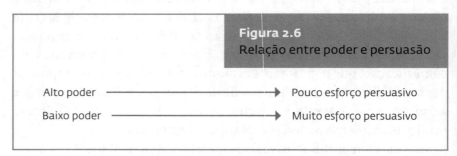

Figura 2.6
Relação entre poder e persuasão

French e Raven[10] afirmaram que o poder não é um conceito simples e se baseia em várias dimensões, também conhecidas como "bases do

---

9. SOLDOW, G. F.; THOMAS, G. P. *Vendas*: profissionalização para a década de 1990. São Paulo: Makron Books, 1993.
10. FRENCH, J. R.; RAVEN, B. H. *Studies of social power*. Michigan: University of Michigan Press, 1959, p. 118-149.

poder", que são as seguintes: poder de recompensa, poder de coação, poder legítimo, poder de referência e poder de conhecimento. A dimensão poder de persuasão também pode ser considerada.

- O **poder de recompensa** resulta da possibilidade que um membro do canal tem de determinar uma recompensa, como, por exemplo, um desconto ou um prêmio, se outro membro cumprir alguma de suas solicitações.
- O **poder de coação** diz respeito às eventuais ameaças que um membro do canal de distribuição pode fazer a outro na eventualidade de este não cumprir algum requisito imposto por aquele.
- O **poder legítimo** resulta da situação hierárquica previamente definida e é expresso quando um membro do canal numa posição hierarquicamente mais elevada requer determinado comportamento de outro membro em posição inferior.
- O **poder de referência** resulta da posição invejável de um membro do canal aos olhos dos outros, de modo que estes sintam orgulho em se identificarem como pertencentes ao mesmo canal.
- O **poder de conhecimento** diz respeito ao conhecimento que determinado membro do canal tem dos produtos. Para que este conhecimento proporcione poder, esse membro do canal deve saber mais do que é esperado, isto é, ultrapassar as expectativas.
- O **poder de persuasão** é o poder de apresentar um argumento lógico persuasivamente. Anteriormente vimos a relação que a persuasão tem com o poder. Aqui realçamos a conveniência de os argumentos apresentados serem lógicos e não emocionais.

Embora essas definições tenham sido utilizadas como as "bases do poder", nas relações entre membros do canal de distribuição deve-se levar em conta que produtores e consumidores têm sua cota de poder, que também precisa ser valorizada. As relações de poder fornecedor-canal, canal-consumidor apresentam-se cada vez mais importantes nas definições, quer da estratégia a seguir, quer na determinação das tendências futuras na distribuição.

Um dos tópicos que deve ser atentamente estudado tem a ver com a concentração do poder num patamar do canal, ou quando o poder é repartido pelos diversos intervenientes – produtor, membros do canal e consumidores. Essa questão prende-se com a definição do comandante do canal, isto é, quem dentro do canal deterá poder para comandar as operações de distribuição.

> **O poder dos supermercados**
>
> Quando o poder está concentrado em um intermediário – como é o caso de grandes supermercados que compram e vendem produtos de marca própria, adquiridos de pequenos produtores – a lógica do negócio se modifica. Neste caso, o supermercado deixa de atuar como o intermediário que facilita a disponibilidade de produtos do produtor para o consumidor e passa a atuar como concorrente do produtor, negociando e vendendo. Passa então a gerir dois tipos de negócio: um de compra e venda (dos produtos com marca própria) e outro de "locação" das prateleiras para produtores disponibilizarem seus produtos.

Relacionada a esse tópico, é preciso colocar a questão de uma possível ruptura do sistema comercial ocasionada pela concentração despropositada do poder. Para melhor entendimento desse aspecto, tratemos de responder às seguintes perguntas:

- Concentração de poder num dado intermediário: sim ou não?
- Onde um sistema de distribuição deverá concentrar o poder?
- Um sistema aberto, como é o caso de um sistema de distribuição, com poder concentrado, tem ou não tendência a se tornar um sistema fechado?

A distribuição, sistema aberto por excelência, prevê no seu funcionamento que o poder se distribua por patamares (intermediários). Sempre que essa repartição não se apresenta equitativa, isto é, sempre que o poder se concentra em exagero num determinado nível, é este o nível que passa a controlar todo o sistema de maneira mais intensa.

Se esse controle for total, isto é, absoluto, o funcionamento de todo o sistema se processará com maior fluidez, eventualmente pela utilização do poder coercitivo, sendo os riscos de conflitualidade minimizados. Mas o uso exagerado dessa prática pode levar o sistema a reagir, intensificando os conflitos e levando a resultados negativos.

> **O risco da concentração de poder**
>
> Um supermercado contrata um produtor de médio porte como fornecedor dos produtos de marca própria. O êxito dessa linha de produtos é muito grande, levando o produtor a aumentar a cota de produção para o supermercado. Essa nova situação passa a ser cobiçada pela concorrência ainda não presente no supermercado, que oferece a ele os mesmos produtos (marca própria) a preços inferiores, levando-o a mudar de fornecedor. O primeiro fornecedor, que tinha a maior parte de sua produção comprometida com o supermercado, atravessará dificuldades financeiras até conseguir outro cliente; já o supermercado começará a lidar com um novo fornecedor e conflitos podem surgir. Mas se o supermercado não desenvolvesse produtos de marca própria, provavelmente deveria enfrentar maior concorrência e novos conflitos inevitavelmente surgiriam.

Assim, temos duas grandes fronteiras para nosso sistema: por um lado, um poder discricionário que provocará em curto prazo uma diminuição dos conflitos no sistema de distribuição; por outro, uma falta de poder que conduzirá a um aumento de conflitualidade em todo o sistema.

Então, o que fazer?

O mais sensato numa situação dessas seria o uso equilibrado das diferentes bases de poder, de modo que se contribua para melhorar a clareza no funcionamento do sistema, provocando um aumento da credibilidade e proporcionando uma melhor fluidez a todo o sistema.

Se, por exemplo, num dado canal de distribuição o poder do conhecimento for repartido entre os patamares, através de formação e transmissão de conhecimentos do produtor aos intermediários, estes se sentirão mais motivados e contribuirão para um aumento do *trade-off* do sistema.

Quanto mais o poder estiver concentrado em um único intermediário, maior será a probabilidade de conflitos no sistema, pois o sistema se fecha e os canais de comunicação ficam limitados, dificultando a fluidez das informações e a motivação dos outros integrantes do canal de distribuição.

2.5.5 Os conflitos nos canais de distribuição e sua resolução

Para que um canal de distribuição funcione em condições operacionalmente aceitáveis, de modo a poder contribuir para uma boa *performance* de toda a atividade comercial da empresa, é fundamental que os objetivos e estratégias dos membros do canal e do produtor estejam em harmonia. É necessário, antes de tudo, cooperação entre os membros do canal. No entanto, nem sempre isso acontece, podendo então surgir conflitos entre os vários membros, que precisam ser solucionados.

É normal que cada componente do sistema de distribuição tenda a especializar-se. Os produtores especializam-se na produção e promoção, em nível nacional, dos seus produtos; os intermediários, dada sua maior proximidade e conhecimento da área comercial onde estão inseridos, tendem a especializar-se nas promoções locais. Essa situação resulta numa forte interdependência entre produtor e distribuidor. Quanto maior for a interdependência, maiores serão as oportunidades de interferência mútua em variados aspectos da gestão corrente e maior será o potencial de conflito entre os integrantes do sistema de distribuição.

> As organizações tendem a maximizar sua autonomia, e as interdependências podem criar conflitos de interesses.

Situações conflitantes aparentes são normalmente ocasionadas pela não resolução de algum conflito latente. Cabe ao comandante do canal, na condição de integrante do canal com maior poder, responsabilizar-se pela resolução desse tipo de problema em sua fase inicial. O poder do comandante deve ser utilizado não somente para controlar o processo de comercialização mas também para garantir fluidez nas operações, e, em consequência, maior rentabilidade para todo o canal de distribuição.

A conflitualidade latente deve-se, principalmente, à diferença de objetivos ou estratégias que porventura possa existir entre os membros do sistema de distribuição. A conflitualidade aparente sobressai quando não existe cooperação entre os diversos componentes do sistema. A não resolução atempada das situações de conflitualidade pode criar graves problemas no funcionamento do sistema de distribuição, que se refletirão negativamente na *performance* de toda a estrutura comercial.

Na abordagem desse problema, seguiremos a metodologia utilizada por Philip Kotler,[11] que analisa os aspectos a seguir.

- Tipos de conflitos
- Causas dos conflitos
- Gestão e resolução dos conflitos

---
11. KOTLER. 2006. p. 486-488.

2.5.5.1 Tipos de conflitos

Entre atacadistas e varejistas podem ocorrer conflitos verticais, horizontais e multicanal.

- **Conflitos verticais:** são conflitos que surgem entre membros do canal situado a vários níveis; acontecem, sobretudo, quando as estruturas de distribuição são verticais e as relações entre os membros são do tipo compra e venda.
- **Conflitos horizontais:** são conflitos entre membros do canal situados ao mesmo nível. Por vezes, estas situações conflituosas aparecem confundidas com situações de concorrência entre intermediários situados ao mesmo nível.
- **Conflitos multicanal:** sempre que os distribuidores utilizam mais de um canal de distribuidores e existir perigo de conflitualidade entre membros dos diferentes canais. Exemplos: certos produtos de beleza que ao serem distribuídos por farmácia e por grandes superfícies, poderão provocar conflitualidade pelas diferentes políticas comerciais usadas por cada um daqueles distribuidores.

2.5.5.2 Causas dos conflitos

As principais causas dos conflitos são:

a) incompatibilidade de objetivos;
b) direitos e deveres mal esclarecidos;
c) diferentes visões sobre o ambiente;
d) intermediários muito dependentes dos produtores;
e) definição não consensual sobre o domínio de atuação.

a) Incompatibilidade de objetivos

Sempre que a relação interdependência/autonomia se torna desequilibrada surge o perigo de desarmonização entre os objetivos dos membros do canal. As situações seguintes podem ocasionar incompatibilidade de objetivos.[12]

- Diferente disponibilidade dos produtos em diferentes varejistas
- Concorrência entre canais de distribuição
- Diferentes margens praticadas

---

12. STERN; EL-ANSAR, 1992. p. 290.

- Mercados cinzentos ou *gray markets*
- Lançamento de novos produtos não sincronizado entre os varejistas
- Custos de formação diferenciados
- Atenção prestada pelos produtores

b) Direitos e deveres mal esclarecidos

Essa situação resulta da transmissão deficiente ou incompleta de informações, normalmente como reflexo de contratos malfeitos ou de mensagens transmitidas por vendedores deficientemente formados.

c) Diferentes visões sobre o ambiente

Muitos produtores exigem dos distribuidores certo tipo de atuação não praticável pelas condições locais do mercado, assim como existem muitos distribuidores que não se adaptam a alterações ambientais com facilidade.

d) Intermediários muito dependentes dos produtores

Quando um membro do canal está muito dependente de outro, pode acontecer de a pressão exercida por aquele provocar mal-estar no membro mais dependente, aparecendo então a situação conflituosa.

e) Definição não consensual sobre o domínio de atuação[13]

Os elementos que podem provocar situações de conflito e que estão relacionados com diferentes concepções sobre o domínio do canal são:
- definição dos segmentos a serem atendidos;
- demarcações territoriais (no caso de existirem exclusividades atribuídas);
- funções a serem executadas pelos intermediários;
- tecnologia a ser empregue na função comercial.

De maneira geral, observa-se que os conflitos têm origem num mau uso do poder, principalmente quando é utilizado o poder coercitivo. Os conflitos tendem a ser mais frequentes quanto maior for a aplicação de penalizações, ou seja, existe uma relação direta entre o poder coercitivo e os conflitos. Inversamente, sempre que se aplicam meios de poder não coercitivos, como o poder de recompensa, os conflitos são menores.

---

13. STERN; EL-ANSAR, 1992. p. 291.

Visto que os conflitos têm uma relação direta com o desempenho do canal de distribuição, podemos concluir a importância do julgamento do poder nas relações entre os membros do canal de distribuição.

2.5.5.3 Gestão e resolução dos conflitos
A seguir citamos algumas das ações que podem ser levadas a cabo para resolver os conflitos do canal.

- **Reorientação dos objetivos:** sempre que os conflitos estiverem na fase inicial é possível solucioná-los se os membros do canal, agindo conjuntamente, reorientarem seus objetivos no sentido de uma harmonização.
- **Troca de pessoal entre os membros do canal:** uma ação possível é a troca de funcionários entre os membros do canal no sentido vertical, permitindo uma recíproca e melhor visão dos problemas.
- **Diplomacia:** por analogia com as relações internacionais, "enviados" ou "embaixadores" procuram resolver os conflitos utilizando métodos diplomáticos.
- **Mediação:** trata-se de recorrer a uma terceira parte, que, sendo uma referência, consiga levar as outras duas a resolver o conflito.
- **Arbitragem:** nesse caso, socorre-se de um árbitro, que decidirá e imporá a solução.
- **Cooptação:** é o esforço de uma empresa no sentido de ganhar a confiança de outra por meio da harmonização mútua de objetivos e da integração dos executivos desta a outra empresa nos seus conselhos diretivo e consultivo.

2.6 INTEGRAÇÃO DOS CANAIS DE DISTRIBUIÇÃO

A escolha de um sistema de distribuição é uma decisão de alta implicação para a empresa, e por isso deve ser cuidadosamente ponderada. Essa escolha é ainda mais importante por se saber que é de difícil modificação.

Os canais de distribuição não são sistemas estáticos, têm sua dinâmica, estando sujeitos aos efeitos ambientais e, como tal, sofrem variadas alterações, muitas delas de difícil previsão. Sendo assim, torna-se pertinente afirmar que, nas fases de planejamento e implementação desses sistemas, deve-se atentar a possíveis alterações inevitáveis e que exigem adaptações, as quais muitas vezes são impostas pelas mudanças do ambiente exterior em que o canal se insere. Em outras palavras, ao planejar sistemas de distribuição, deve-se considerar graus de liberdade que permitam eventuais adaptações. O gestor da distribuição precisa ter a preocupação de implementar sistemas que possam admitir certa flexibilidade.

Como exemplo, observemos a possibilidade de surgirem novos atacadistas e varejistas como reflexo de uma nova urbanização em determinada região ou a proliferação de pequenos mercados de bairro, resultado de expansão de grandes supermercados. São situações que podem não estar presentes no planejamento do sistema de distribuição, mas que poderão entrar em confronto direto com o sistema previamente projetado.

Convém, pois, definir quais são as diferentes estruturas dos canais de distribuição e analisar suas características para que, ao optar por determinada estrutura adaptada ao negócio e/ou produto, possa-se garantir que seja suficientemente flexível a eventuais alterações ambientais.

A estrutura dos canais de distribuição pode ter as formas seguintes.

- Sistemas convencionais;
- Integração vertical;
- Integração horizontal;
- Sistemas de multicanal.

A opção por determinada estrutura de canal de distribuição depende dos seguintes fatores:

- nível de controle que a empresa deseja ter sobre o canal;
- relação de poder entre os diversos integrantes do canal;
- definição do nível de concorrência e do grau de conflitualidade entre os integrantes do canal.

Todos esses fatores estão relacionados com a concentração e o uso do poder, que impacta o controle que a empresa pretende ter de seu processo de comercialização.

Como já vimos anteriormente neste capítulo, a concentração do poder num determinado patamar do canal tem como consequência uma diminuição da potencial conflitualidade entre seus membros. Mas essa concentração também pode resultar na desmotivação de alguns membros, o que provocará maior vulnerabilidade face às ações da concorrência. Por outro lado, o exercício de um controle rígido só será levado à prática se a parte que o comanda tiver o poder necessário.

Todas essas questões devem estar presentes ao se planejar a estrutura de distribuição mais conveniente para a empresa.

Passamos agora a analisar as diferentes estruturas de distribuição.

2.6.1 Estruturas de distribuição

As estruturas dos canais de distribuição podem ser convencionais, com relacionamentos baseados unicamente na compra e venda de produtos, do tipo integrativo, em que as empresas se integram por meio de informação, ou multicanal, quando as empresas se relacionam com seus clientes por diferentes canais.

2.6.1.1 Sistemas convencionais

Esse tipo de estrutura compreende o produtor, o(s) atacadista(s) e o(s) varejista(s). Todas essas entidades são independentes, seus interesses são particulares e cada empresa procura aumentar seus lucros independentemente das demais. Na maioria dos casos, elas têm objetivos não convergentes e, por isso, são mais suscetíveis a situações de conflito. As relações entre os membros do canal são, nesse caso, do tipo compra e venda, em que nenhum elemento tem controle completo sobre qualquer outro. Esse é o sistema normalmente utilizado pelas empresas produtoras ou varejistas de pequena dimensão. Essa estrutura tem a grande vantagem de ser bastante flexível, sendo relativamente fácil sua modificação.

2.6.1.2 Integração vertical

Nessa estrutura, o produtor, o(s) atacadista(s) e o(s) varejista (s) atuam em bloco, e a gestão das funções realizadas por dois ou mais membros do canal de distribuição situados em diferentes níveis é dirigida por apenas um deles. Esse sistema tem como finalidade o aproveitamento de economias de escala de organização, promoção ou outras, através da gestão centralizada de todas as atividades necessárias para realizar a função da distribuição. O poder de negociação de cada empresa integrante é maior junto das empresas fora do canal, e o sistema reage como um todo a eventuais ameaças ou ações externas. Os conflitos, resultantes normalmente do fato de um dos membros do canal procurar seguir seus objetivos individualmente, podem ser mais facilmente resolvidos em virtude de o poder estar mais concentrado.

Entre os vários tipos de sistemas integrados verticais em uso, analisaremos os seguintes:

a) integração empresarial;
b) integração contratual;
c) integração administrativa.

a) Integração empresarial

Na integração empresarial, de que são exemplos as redes de lojas Zara e El Corte Inglés, um dos membros do sistema de distribuição controla completamente, por incorporação, outros membros situados em níveis diferentes. A empresa El Corte Inglés começou a fabricar certos produtos que vendia adquirindo as respectivas unidades de produção; já as lojas Zara controlam o *design*, a fabricação e a distribuição dos produtos têxteis que comercializam. Essas estruturas têm alguns problemas de implantação, sobretudo em organizações cuja estratégia é uma grande cobertura geográfica. Nesses casos, elas devem fazer um grande esforço em investimento necessário para levar a cabo a implementação do sistema.

b) Integração contratual

Na integração contratual, a gestão e a coordenação das atividades nos canais de distribuição são conseguidas através de contratos entre os membros dos diferentes níveis, não se perdendo, assim, o sentido de propriedade individual de cada um dos intermediários do canal. Com esse procedimento, é possível implantar vastas redes de distribuição com reduzido investimento. Exemplos desse tipo de estrutura são as associações de varejistas em centrais de compra, as cadeias voluntárias de varejistas e, sobretudo, as franquias.

Nas centrais de compra, baseadas nos varejistas, várias empresas se juntam para poderem, mediante um maior volume de compras, obter condições de transação mais vantajosas. Nesse caso, a central funciona em substituição aos atacadistas.

Nas cadeias voluntárias de varejistas, ao contrário das centrais de compra, as empresas não investem no funcionamento da organização de compras. Nesse caso, os varejistas são "patrocinados" por um atacadista, que se compromete a servir todas as empresas pertencentes à cadeia.

A franquia, que é um sistema com elevada taxa de crescimento, consiste no estabelecimento de um contrato de franquia ou *comercial franchising* entre um produtor ou atacadista (franqueador) e outros produtores, atacadistas ou varejistas (franqueados), e tem as seguintes características:

- cedência pela empresa franqueadora ao franqueado do direito de utilizar sua marca registada e respectiva signalética;
- definição e utilização obrigatória de uma formatação mercadológica uniforme em todos os pontos de venda, de acordo com padrões definidos pelo franqueador;
- treino e formação continuada de pessoal do franqueado pelo franqueador;
- pagamento do franqueador ao franqueado de uma quantia fixa inicial mais uma percentagem sobre o volume de negócios, designada de *royalties*, eventualmente acrescida de outras verbas periódicas, a título de participação em ações promocionais.

O sistema de franquia oferece aos participantes as vantagens citadas a seguir.

Para o franqueador:
- Facilidade de acesso rápido ao mercado.
- Controle do canal de distribuição
- Investimento reduzido.
- Risco comercial repartido com o franqueado.
- Motivação acrescida do varejista (franqueado).

Para o franqueado:
- Benefício de comercializar produtos com notoriedade.
- Crescimento rápido do negócio.
- Copropriedade de uma insígnia (marca) com notoriedade.
- Acesso a formatações mercadológicas tecnologicamente avançadas.

> **Importância das franquias**
>
> Segundo a Associação Brasileira de Franchising (ABF), a evolução do faturamento do sistema de franquia, em cinco anos, foi de 52,6%, de R$ 88,854 bilhões (2011) para R$ 139,593 bilhões (2015).

c) Integração administrativa

Na integração administrativa, o controle das atividades do canal é exercido não através da propriedade dos intermediários ou do estabelecimento de contratos, mas de uma posição de liderança da empresa no mercado, o que lhe permite exercer um domínio efetivo do canal de distribuição. A coordenação das atividades é realizada pela parte que detém o maior poder, o produtor, o atacadista ou o retalhista.

Esse tipo de integração é praticado por empresas multinacionais, fabricantes de produtos com marcas renomadas, que controlam a distribuição ao nível dos intermediários por meio de atividades de planejamento e gestão de programas mutuamente benéficos, como, por exemplo: ações de merchandising ou concessão de descontos especiais. Essa situação só é possível graças ao poder que detêm, resultado, em parte, de sua posição de liderança no setor.

> **Descontos especiais – rapel comercial**
>
> Rapel comercial ou rapel de desconto é um tipo de desconto concedido pelo vendedor ao seu cliente quando este atinge determinado volume de consumo durante um período de tempo estabelecido. Normalmente o rapel de desconto incide sobre as aquisições posteriores ao período em que foi atingido o volume de consumo que lhe deu origem.

2.6.1.3 Integração horizontal

Essa estrutura aparece quando existe cooperação entre duas ou mais empresas independentes entre si, para conjuntamente colocarem recursos com o objetivo de explorarem determinada oportunidade. As empresas podem atuar contratualmente durante certo lapso de tempo ou criarem outra empresa.

Exemplos de sistemas horizontais são as associações de empresas que se formam para comercializarem produtos complementares num dado mercado.

2.6.1.4 *Sistemas multicanal*

Esses sistemas são resultado da proliferação de segmentos de mercado e possibilidades alternativas de distribuição. Cada vez é mais frequente a utilização de sistemas multicanal, como é o caso de empresas que utilizam habitualmente um canal longo para venda através de atacadistas e fabricam marcas próprias ou marcas de distribuição, as quais distribuem por canais curtos ou mesmo diretos.

Com a proliferação das novas tecnologias de informação e comunicação, muitas empresas utilizam de forma complementar à distribuição por meio de lojas físicas as lojas virtuais, que representam novas opções aos sistemas tradicionais de distribuição.

2.7 MODIFICAÇÃO DOS CANAIS DE DISTRIBUIÇÃO

A modificação de canais de distribuição é para qualquer empresa uma decisão com reflexos importantes em toda sua estratégia. O problema dessa alteração deve ser colocado como hipótese futura ainda na fase do planejamento do sistema de distribuição.

Quando se pretende implementar determinada estratégia comercial numa empresa, a primeira etapa do respectivo planejamento é a decisão sobre quais canais de distribuição serão utilizados. Dessa escolha dependerão várias decisões de difícil alteração, pelo que se deverá optar por sistemas com grande flexibilidade, de modo a poderem ser adaptados aos diferentes cenários futuros, sem que isso provoque grandes modificações em todo o sistema comercial.

Numa empresa com sistema de distribuição já implementado, deve-se verificar, em primeiro lugar, todo o processo seguido até ao momento, analisando, em seguida, se é o único possível. É importante, na fase inicial do processo de análise, constatar se os procedimentos comerciais adotados (nomeadamente o sistema de distribuição utilizado) constituem prática habitual para as mercadorias comercializadas, visto os utilizadores poderem mostrar-se renitentes a serem abastecidos por um sistema diferente do habitual.

Por outro lado, as práticas utilizadas pela concorrência deverão ser observadas criticamente, pois não se pode partir da premissa de que tudo o que ela faz é bem-feito.

Outro ponto que se deve equacionar é a possibilidade de prescindir de qualquer tipo de distribuidor e vender diretamente aos consumidores. Esse exercício tem as grandes vantagens de, por um lado, alertar os analistas sobre a estrutura de custos do canal de distribuição, e, por outro, mostrar (na maior parte das vezes) aos produtores a impossibilidade de sua aplicação.

As seguintes questões devem ser levantadas sempre que se pretenda implementar ou substituir o canal de distribuição de uma empresa:[14]

1) Quantas categorias diferentes de intermediários poderão ocupar-se da venda do mesmo produto?
2) Existe mais de um nível de distribuição para cada categoria de intermediário?
3) O fornecedor deverá vender indiferentemente a todos os distribuidores ou se concentrar em alguns?
4) A utilização de mais de um tipo de canal de distribuição será a solução mais eficaz?

As respostas a essas questões conduzem normalmente a uma primeira análise do sistema de distribuição implantado e a uma eventual decisão quanto à sua modificação. A melhor solução será a que levar à combinação de um canal eficaz, isto é, com bom volume de vendas, com um canal econômico, isto é, com uma boa rentabilidade.

Como vimos, o problema na escolha do sistema de distribuição tem a ver, por um lado, com o tipo de decisão, que não poderá ser facilmente alterada, e, por outro, com a dinâmica dos mercados, motivos pelos quais os canais de distribuição deverão ser escolhidos de modo a poderem adaptar-se às modificações dos mercados sem que isso impacte sua estratégia empresarial.

Exemplo clássico da dinâmica dos mercados são as modificações ocasionadas pela entrada maciça das mulheres no mercado de trabalho e a consequente diminuição de número de donas de casa, o que teve reflexos nas vendas porta a porta, as quais tiveram de ser canalizadas

---

14. LAWRENCE, A. *Gestión práctica de la distribuición comercial*. Madrid: Deusto, 2002.

de outro modo. Outro exemplo é o caso das fotocopiadoras. Na fase de introdução dessas máquinas no mercado, elas eram vendidas diretamente por fabricantes que utilizavam seus próprios canais de distribuição em sistemas integrados verticais. À medida que o ciclo de vida desses produtos foi evoluindo, passaram a ser vendidas por revendedores especializados, depois por supermercados e até mesmo por empresas de venda por catálogo.

Podemos, assim, dizer que as modificações nos sistemas de distribuição se tornam necessárias sempre que ocorre uma das seguintes situações:

- os comportamentos de compra mudam;
- os mercados expandem-se;
- os produtos atingem a maturidade;
- novos concorrentes aparecem no mercado;
- são introduzidos novos sistemas de distribuição.

As modificações do sistema poderão ser operadas das formas citadas a seguir.

- Pela alteração de intermediários: substituindo empresas do canal de distribuição.
- Pela junção de intermediários: prevendo repartição de serviços entre distribuidores. Por exemplo: enquanto um intermediário se ocupa com a venda física, o outro comercializa via *e-commerce*.
- Pela eliminação de intermediários: quando o fornecedor decide eliminar o atacadista e vender diretamente ao varejo.

Todas essas decisões devem ser tomadas cuidadosamente, para que seus reflexos sejam mínimos. Note que nenhuma empresa se manterá competitiva durante o ciclo de vida do produto que comercializa se não exercer um processo de adaptação contínua às modificações do mercado. A inércia delas para se adaptarem às modificações do mercado ao longo do ciclo de vida dos produtos é a grande responsável pela quebra de competitividade.

Uma possível relação entre as fases do ciclo de vida dos produtos e a evolução dos canais de distribuição demonstra a necessidade de adaptação dos canais de distribuição no âmbito de uma estratégia de comercialização.

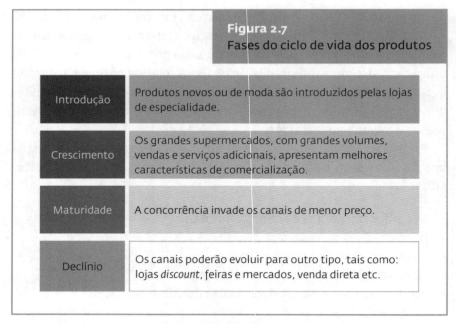

Fonte: elaborada pelos autores.

A escolha de sistemas de distribuição é uma decisão de grande impacto na organização, pois nem sempre pode ser facilmente modificada e, quando alterada, impacta fortemente na estratégia comercial de qualquer empresa. Embora possam existir circunstâncias que determinem alterações de sistemas de distribuição existentes, a sua modificação não se concretiza de forma imediata, pois envolve longas negociações com representantes e intermediários que irão oferecer grande resistência à mudança.

Vários têm sido os autores que propõem modelos e métodos para superar esse problema, entre os quais salientamos o método de Stern e Sturvidant.

2.7.1 Método de Stern e Sturvidant

As mudanças em um sistema de distribuição envolvem grandes alterações empresariais, e por isso devem ser executadas com bastante sistematização e cuidado. Entre as metodologias de alteração de canais de distribuição, o método de Stern e Sturdivant prevê a transformação do sistema de distribuição nas seguintes oito fases.

Figura 2.8
Etapas do método de Stern e Sturdivant

Fonte: SOUSA, J. M. *Gestão*: técnicas e estratégias no contexto brasileiro. São Paulo: Saraiva, 2009.

ESTUDO DE CASO

A união também faz a força no marketing

Utilizar o marketing cooperado é dos principais fatores para o sucesso no franchising.

Mariana Oliveira

A franquia é um grande negócio no Brasil. Dados da ABF (Associação Brasileira de Franchising) dizem que o setor apresenta crescimento progressivo e o faturamento cresceu de 25 bilhões no ano de 2001 para mais de 35 bilhões em 2005. Dentre os associados, as escolas de idiomas têm se destacado.

Quatro possuem o selo de excelência em franchising e uma delas – o Yázigi – foi considerada a melhor franquia do ano de 2006.

André Fridheiner, diretor de Comunicação e Marketing da ABF, explica que no sistema de franquias, os ramos que necessitam desenvolver a cultura de seu produto, um conceito ou mesmo criar uma necessidade devem se valer do marketing para atingir seus objetivos. Particularmente, o segmento das escolas de idiomas conta com características favoráveis para o atual reconhecimento.

Como alguns fatores do sucesso, ele cita a qualidade no ensino pedagógico, a capilaridade das redes (proximidade dos mais diversos consumidores), os preços acessíveis e o marketing como solução próxima da necessidade.

O concurso As melhores franquias do Brasil, realizado pela revista Pequenas Empresas Grandes Negócios, consagrou a Escola de Idiomas Yázigi Internexus como a melhor franquia deste ano. Este concurso tem acontecido desde 2004 e, além de eleger a melhor franquia por ramo (alimentação, beleza, comunicação, entre outros), escolhe a melhor de todas, levando sempre em consideração a satisfação dos franqueados, a rentabilidade e o suporte dado pelo franqueador.

O grupo Yázigi já havia sido considerado a melhor franquia em sua área em 2004 e em 2006 trouxe o prêmio geral. Esta foi apenas mais uma conquista de uma empresa em crescimento e com grande reconhecimento. Em entrevista ao site, a Diretora de Marketing, Márcia Pires, salientou que ao longo dos últimos cinco anos o segmento de educação conseguiu se estabelecer no mercado, chegando ao ponto de se tornar o segundo maior segmento de franchising em volume de negócios, atrás apenas da alimentação.

A importância do marketing cooperado

Uma das grandes vantagens do sistema de franquias é a padronização dos serviços de atendimento e estabelecimento da empresa. Por conta disso, um dos maiores benefícios é o marketing cooperado, pois "o franqueado não precisa ser grande para entrar num ambiente de comunicação de massa de alto custo. Ele vai entrar junto com a rede", explica Márcia Pires. Ela ressalta: "O sistema de franquia é um sistema de rede, então tudo o que se faz baseado no coletivo tem mais chances de aparecer e funcionar, pois tem menos custo e traz mais vantagem para o cooperado".

Marcelo Cherto, um dos fundadores da ABF e membro da Academia Brasileira de Marketing, também chama a atenção para a importância desta estratégia. "Faz muito sentido que as ações de marketing sejam cooperadas, de forma que os recursos investidos por cada um dos integrantes da rede se some aos recursos dos demais, potencializando os resultados", conta.

Além da publicidade nos grandes veículos de comunicação, o Yázigi costuma destinar entre 5 e 8% do faturamento da rede para ações de marketing que envolvem desde panfletagem e promoções a marketing de relacionamento e eventos. Junto com o Yázigi, outras redes se expandem adotando estratégias similares.

A rede de idiomas Fisk é outra franquia que conquistou o selo de excelência da ABF. Christian Ambros, executivo de Marketing e Supervisor de Franquias, informa que em 2006 a verba de marketing da Fundação Richard H. Fisk chegará a R$ 8 milhões de reais. O valor envolve uma campanha publicitária em rede nacional, outdoors, adesivos, merchandising e eventos como congressos, feiras e patrocínios. O marketing cooperado também é adotado. "A Fisk realiza semestralmente ações regionais em São Paulo, no Rio de Janeiro e no Paraná com campanhas promocionais que visam à captação de novos alunos", afirma. "São realizadas reuniões em cada um dos três estados para entender as particularidades de cada região, ouvir os franqueados e aprovar o enfoque das ações", explica.

Qualidade na educação

Com o crescimento das franquias de idiomas, aparecem eventuais dúvidas acerca da prioridade dada à educação do estudante, afinal, como qualquer negócio, as franquias devem obter resultados financeiros positivos.

Em entrevista recente ao site, José Pastor, Diretor de Marketing da Cultura Inglesa, relata que a estratégia de crescimento do grupo é pautada pelo sistema de aquisições, pois há uma grande preocupação quanto à qualidade do ensino. "O nosso modelo não envolve franqueamento para que não haja nenhum risco na qualidade pedagógica", diz.

Por outro lado, há aqueles que acreditam que a qualidade é imprescindível para que uma empresa se estabeleça com sucesso no mercado. "Foi-se o tempo em que ter um produto de qualidade podia ser considerado um diferencial. Hoje, quem não tiver um produto de qualidade, vendido a um preço que o mercado esteja disposto a pagar e divulgado da forma mais adequada, está morto", conclui Cherto.

Fonte: OLIVEIRA, M. A união também faz a força no marketing. *Mundo do Marketing*, jul. 2006. Disponível em: <http://www.mundodomarketing.com.br/index.php/reportagens/planejamento-estrategico/153/a-uniao-tambem-faz-a-forca-no-marketing.html>. Acesso em: set. 2016.

VAMOS TESTAR SEUS CONHECIMENTOS?

1 Os critérios utilizados para a seleção dos intermediários variam de caso para caso. Explique as possíveis causas dessas variações.

2 "A distribuição direta pressupõe custos fixos elevados que, para serem recompensados, requerem altos volumes de venda ou margens elevadas." Classifique a afirmativa como verdadeira ou falsa. Justifique sua resposta.

3 Após a escolha do sistema de distribuição, deve a gestão da distribuição preocupar-se com a escolha dos intermediários. Qual a importância dos intermediários e suas principais funções?

4 Os sistemas de motivação, no caso de se tratar de ações continuadas e que são transmitidas pela força de vendas em suas visitas aos distribuidores, tomam a forma de apelos de venda. Quais são os tipos de apelos de venda? Explique cada um deles.

5 O produtor deverá proceder a uma avaliação periódica dos intermediários que compõem o canal. Quais devem ser os principais objetivos dessa avaliação?

6 A modificação de canais de distribuição é para qualquer empresa uma decisão com reflexos importantes em toda a sua estratégia. O problema deve ser colocado como hipótese futura ainda na fase do planejamento do sistema de distribuição ou deve ser apresentado já com a operação em andamento? Justifique sua resposta.

3

Os intermediários

APRESENTAÇÃO

Você sabe que a distribuição tem como principal função colocar os produtos à disposição dos consumidores no local, na quantidade e no momento que eles precisarem. Entretanto, não podemos nos esquecer que durante todo esse processo logístico existem diversos *stakeholders* que trabalham para o sucesso da operação. Assim sendo, é de fundamental importância entendermos o papel desses **intermediários** que tornam possível a efetivação da função "distribuição".

A partir deste momento, classificaremos de **intermediários** todas as entidades, pessoas ou organizações que de algum modo contribuem para a progressão dos produtos, ao longo do canal de distribuição – do produtor ao consumidor.

Vale ressaltar que a função dos intermediários é de vital importância, pois está diretamente ligada a todas as atividades de controle, transporte, loteamento, venda pessoal e a todas as ações que de alguma forma facilitem o fluxo dos produtos nos canais de distribuição.

OBJETIVOS

Neste capítulo vamos discutir e entender o papel dos intermediários em todo o processo referente à cadeia de distribuição. Após a leitura será possível compreender como aproveitar suas particularidades na criação de valor, diferenciação e competitividade para a empresa.

3.1 QUEM SÃO OS INTERMEDIÁRIOS

Até agora estudamos a distribuição ou praça como instrumento de marketing, isto é, a variável que relaciona a produção com o consumo, colocando os produtos à disposição dos consumidores no local, na quantidade e no momento que eles desejarem. Neste capítulo serão descritos e caracterizados os intermediários que tornam possível realizar a função distribuição.

Classificaremos como intermediários todas as entidades, pessoas ou organizações que, de forma direta ou indireta, contribuem para a progressão dos produtos ao longo do canal de distribuição – desde o produtor até ao consumidor – e que exercem atividades de controle, transporte, armazenagem, venda pessoal, além de outras que de algum modo facilitem o fluxo nos canais de distribuição.

Ao estudar intermediários, deve-se ter presente o seguinte axioma:

> É possível eliminar intermediários ao longo dos canais de distribuição; contudo, é impossível eliminar as funções que por eles são desempenhadas.

Para distribuir e comercializar produtos torna-se essencial a realização das funções acima descritas, que, embora possam ser executadas pelos produtores – o que acontece muito raramente –, são normalmente realizadas pelos intermediários.

Não obstante ser difícil existir distribuição e comercialização de produtos sem interferência de intermediários, o fato é que as atividades por eles realizadas continuam não sendo bem entendidas, sendo-lhes atribuídas várias atitudes antiéticas, tais como açambarcamento e encarecimento de produtos, além de "rótulos" que na grande maioria dos casos não correspondem à realidade.

Efetivamente, os intermediários levam a cabo uma série de funções que estão relacionadas com o estabelecimento das utilidades de tempo, lugar e posse, geradas pela própria distribuição. São funções que, embora acrescentem valor ao produto, têm determinado custo, requerendo assim máxima eficiência.

Como corolário do axioma atrás referido, podemos dizer que:

> Os custos com intermediários não serão muito diferentes dos pagamentos que o produtor deverá efetuar para ver realizadas as funções a eles atribuídas.

A terceirização da maioria das funções realizadas nos canais de distribuição é procedimento normal em grande parte dos fabricantes face à especialização requerida para sua realização. Nos casos de terceirização, a utilização de indicadores-chave de desempenho (*key performance indicator* – KPI), apoiada em contratos de nível de serviço, é fundamental para controlar o desempenho do canal de distribuição.

Key performance indicator (KPI)

Key performance indicator, ou indicador-chave de desempenho, é um indicador utilizado para medir o desempenho dos processos de uma empresa.

3.2 FUNÇÕES DOS INTERMEDIÁRIOS

De uma perspectiva de análise das estratégias de distribuição, é importante a compreensão das funções específicas executadas por cada membro do canal, as quais podem ser sintetizadas como segue.

3.2.1 Redução do número de transações

Se existirem P produtos e C consumidores, o número de transações possível será:

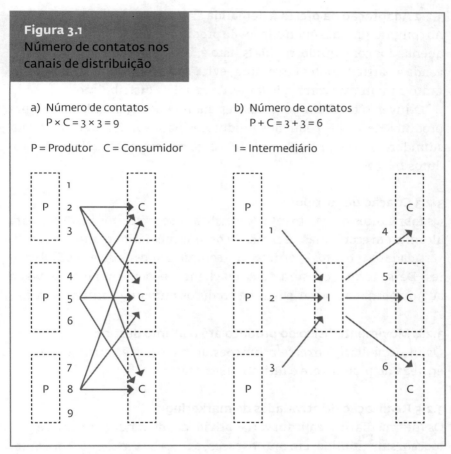

Figura 3.1 Número de contatos nos canais de distribuição

a) Número de contatos
P × C = 3 × 3 = 9

P = Produtor   C = Consumidor

b) Número de contatos
P + C = 3 + 3 = 6

I = Intermediário

Fonte: elaborada pelos autores.

Ou seja:

- sem intermediários serão possíveis P × C contatos. No exemplo acima são efetuados nove contatos;
- com intermediários serão possíveis P + C contatos. No exemplo acima são efetuados seis contatos.

Verifica-se, por esse exemplo, que a utilização de sistemas de distribuição com intermediários diminui o número de contatos e, em consequência, os custos totais de funcionamento do sistema.

3.2.2 Adaptação da oferta à demanda
Ao comprar grandes quantidades de produtos e vender quantidades pequenas aos consumidores finais, isto é, estabelecendo as unidades de venda a partir dos lotes de compra, evita-se a acumulação de produtos, tanto a montante como a jusante[1] do canal de distribuição.

O inverso também pode ocorrer quando o intermediário compra produtos de vários pequenos produtores para vender a grandes consumidores, como, por exemplo, é o caso de certos atacadistas de produtos frescos.

3.2.3 Criação de sortido
Os fabricantes normalmente especializam-se em certos produtos para alcançarem economias de escala; já os intermediários mantêm uma diversidade de produtos – sortimento – comprando-os de diversos fabricantes. Dessa forma, consumidores ou clientes podem com uma só visita adquirir uma maior variedade de produtos num único intermediário.

3.2.4 Movimento físico do produto até o último destino
Os intermediários exercem funções de transporte, armazenagem e entrega do produto até o último destinatário.

3.2.5 Realização de atividades de marketing
Os intermediários realizam várias atividades de venda pessoal e de promoção, substituindo, em muitos casos, a força de vendas do fabricante. Por vezes, ainda cooperam com o varejista em ações de merchandising.

3.2.6 Transmissão da propriedade, posse e direito do uso do produto
Entre os membros do canal de distribuição é possível transmitir a propriedade dos bens a transacionar, da posse ou simplesmente do direito ao uso.

---

1. A designação de empresas *a montante* aplica-se às empresas integrantes do canal de distribuição situadas mais próximas ao produtor; já empresas *a jusante* são todas aquelas mais próximas do mercado.

Vejamos, por exemplo, um caso de serviço. Quando se aluga uma casa, usufrui-se do direito ao uso, sem, contudo, ter a propriedade dela.

Sempre que intermediários no canal não têm a propriedade dos produtos a transacionar, diz-se que estão atuando como agentes do proprietário ou do produtor.

3.2.7 Financiamento

Os intermediários podem oferecer crédito quer aos fabricantes, quer aos consumidores. Por exemplo, um atacadista pode vender produtos aos seus clientes varejistas com condições de crédito a 90 dias ou com pagamento à vista. Os varejistas podem, por sua vez, dar crédito a seus clientes mediante a aceitação de cartões de crédito ou por intermédio de outros planos de pagamento.

3.2.8 Serviços adicionais

Serviços de entrega, instalação, reparação, formação e assessoria são algumas das atividades que os distribuidores podem oferecer e que podem constituir pacotes promocionais.

3.2.9 Assunção de riscos

Uma vez adquiridos os produtos, o intermediário corre o risco de não vendê-los ou de ter de fazê-lo por um preço inferior ao de compra. Por outro lado, ele pode enfrentar percalços, como roubos, incêndios, inundações ou outros, pelos quais o produtor não pode ser responsabilizado.

Uma vez analisadas as principais funções exercidas pelos intermediários, pode-se concluir a importância deles enquanto reguladores do comércio no nível da distribuição.

Os intermediários como reguladores dos canais de distribuição

Para uma melhor compreensão da importância dos intermediários, podemos considerar a mensagem a seguir.

Os intermediários são como barragens de um rio regulando seu caudal. Moderam o ímpeto das águas durante o inverno, armazenando-as para que não faltem no verão, canalizando e tornando possível que o caudal do rio prossiga com regularidade para benefício de todos os que vão usufruir da sua passagem direta ou indiretamente.

Na maioria das vezes, os intermediários são organizações independentes com interesses e objetivos autônomos, e a maior motivação para seu funcionamento em condições de elevada *performance* no canal de distribuição tem a ver com a retribuição financeira que usufruem pelo desempenho das funções que lhes são atribuídas, representada pela diferença entre o valor de compra e o valor de venda dos produtos que distribuem.

Assim, é importante determinar com que funções, e com que envolvimento, o intermediário participa do processo. Quanto maior for o número de funções desempenhadas por ele, e maior seu envolvimento, maior deverá ser a retribuição. O cálculo dessa retribuição deverá ter como parâmetro orientador o custo que caberia à empresa se tivesse de fazer o mesmo serviço, nas mesmas condições e com a mesma *performance*, sem recorrer a intermediários.

3.3 CARACTERÍSTICAS DOS INTERMEDIÁRIOS

As funções exercidas pelos intermediários são essenciais ao processo de comercialização. Na maioria das vezes, elas são realizadas pelos comerciantes, que compram ou têm em depósito produtos que posteriormente vendem. Sempre que o produtor vende diretamente seus produtos aos consumidores, ele está atuando como comerciante, substituindo o intermediário.

A distribuição comercial não é protagonizada exclusivamente pelos comerciantes. Outras empresas e pessoas físicas colaboram na função de distribuição, como é o caso de transportadores e agentes comerciais.

Os grandes responsáveis pelo funcionamento do canal de distribuição são, sem sombra de dúvidas, os atacadistas e os varejistas. São "as grandes estações" de tratamento dos produtos antes de chegarem aos consumidores, e são eles que garantem o fluxo contínuo nos canais de distribuição.

O atacadista é o intermediário que vende aos varejistas, a outros atacadistas ou a fabricantes, mas não ao consumidor ou utilizador final.

Os varejistas são o último elo dos canais de distribuição. São eles que contatam diretamente os consumidores. Sem integrarem, na maioria dos casos, os quadros dos produtores ou dos atacadistas, têm influência primordial nas ações de marketing deles, influindo nos resultados das vendas.

CERTOS PRODUTORES QUESTIONAM-SE SE OS INTERMEDIÁRIOS SÃO REALMENTE NECESSÁRIOS, POIS MUITAS VEZES SERVEM APENAS PARA ENCARECER OS PRODUTOS E SÃO ELES QUE GANHAM A MAIOR PARTE DO LUCRO, PORÉM, QUANDO SE PENSA MAIS OBJETIVAMENTE, VERIFICA-SE QUE SEM INTERMEDIÁRIOS NÃO PODERIA EXISTIR ATIVIDADE COMERCIAL.

Os atacadistas e os varejistas têm em comum o fato de atuarem como agentes de venda para seus fornecedores e como agentes de compra para seus clientes.

As principais atividades que caracterizam os atacadistas estão listadas abaixo.

- Compra de mercadorias do produtor ou de outro atacadista.
- Agrupamento e normalização de produtos.
- Transporte de mercadorias.
- Armazenagem e conservação dos produtos.
- Promoção e venda dos produtos.
- Entrega de produtos ao varejista ou a outro atacadista.
- Crédito a clientes.
- Assunção de riscos.
- Assessoria ao varejista nas seguintes áreas:
  - características dos produtos;
  - novos produtos;
  - encomendas;
  - gestão de pedidos e de estoques;
  - gestão comercial;
  - gestão administrativa.

O atacadista poderá realizar parte ou a totalidade dessas funções, dando lugar a diversas modalidades de comércio atacadista, que mais à frente serão analisadas.

O varejista é caracterizado pelas atividades a seguir.

- Compra de mercadorias de atacadistas ou produtores.
- Promoção e transmissão de propriedade dos produtos para os consumidores.
- Ações de venda pessoal aos consumidores.
- Ações de merchandising.
- Crédito aos consumidores.
- Assunção de riscos.
- Serviço de pós-venda a clientes.

Os varejistas, pelo fato de estarem em contato mais próximo com o mercado, representam para a empresa produtora uma excelente fonte de informação, quer sobre os produtos, quer sobre o comportamento de compra dos consumidores.

3.3.1 As grandes contas

Todas as empresas produtoras têm em sua carteira de clientes alguns que sobressaem pelo volume de aquisições. Uma grande conta é aquela que representa uma empresa que mantém um volume importante de aquisições, em regra considerado pelo menos 5% da faturação global. Ora, se todos os clientes da empresa alcançassem essa porcentagem, a empresa só teria no máximo 20 clientes.

Na realidade há uma tendência para que 20% dos clientes da empresa sejam responsáveis por 80% da atividade (lei de Pareto), pelo que será provável que alguns clientes, que designamos de grandes contas, sejam responsáveis por valores em torno de 5%.

> **Lei de Pareto**
>
> A lei de Pareto (ou princípio 80/20) foi criada pelo economista italiano Vilfredo Pareto. Essa lei diz que: 80% das consequências advêm de 20% das causas; aplicando-se essa lei ao faturamento da empresa, pode-se concluir que 80% do faturamento é de responsabilidade de 20% dos clientes.

Em seu processo de crescimento, os intermediários objetivam ganhar terreno dos concorrentes aumentando seu poder aquisitivo e conseguindo melhores acordos comerciais, o que é mais evidente quanto menor for o poder das empresas fornecedoras e melhor a qualidade dos produtos que oferecem aos mercados. Um intermediário que já comercializa produtos com grande penetração no mercado terá elevado poder sobre fornecedores que pretendam utilizá-lo como distribuidor de seus produtos. Nessa situação, o aumento de poder torna o intermediário um cliente importante do produtor (uma grande conta), podendo exercer maior controle sobre as operações e eventualmente reduzir valores de compra e aumentar margens comerciais.

Do ponto de vista do produtor, sempre que existirem contas que contribuam com elevada percentagem para o volume de faturação global, a empresa torna-se mais vulnerável em virtude da grande dependência em relação a esse intermediário. Poucas empresas podem aceitar, sem perturbação, a perda de 5% de seu faturamento.

Uma excelente medida de vulnerabilidade das empresas[2] é a determinação do número de contas de clientes, em ordem decrescente de valor, que representam 50% do volume do faturamento. Se esse número for inferior a 25 contas, é provável que o negócio esteja concentrado em muito poucos clientes e que a empresa apresente grande vulnerabilidade pela dependência excessiva em relação a eles.

Outro indicador de vulnerabilidade é obtido pela tendência do número de grandes contas nos 20% dos clientes da empresa (lei de Pareto); se esse número estiver diminuindo ao longo do tempo, a empresa está em processo de vulnerabilidade.

Do ponto de vista do produtor, as grandes contas têm grande importância, dada sua contribuição para o volume total de vendas da empresa, motivo pelo qual as estratégias de venda aplicadas aos clientes titulares dessas contas devem ser individualizadas, pois invariavelmente eles usufruem de preços, condições de venda ou concessões especiais.

3.3.2 Atacadistas – classificação

Conforme já foi dito, atacadistas são intermediários que comercializam com varejistas, outros atacadistas ou fabricantes, mas não com consumidores ou utilizadores finais. Os atacadistas e os varejistas têm em comum o fato de atuarem como agentes de venda para seus fornecedores e de agentes de compra para seus clientes.

Para uma melhor sistematização de estudo, podemos classificar os atacadistas de acordo com os seguintes critérios:

- atividade ou produtos vendidos;
- relações de propriedade;
- localização;
- forma de desenvolver a atividade;
- transmissão de propriedade das mercadorias.

3.3.2.1 Segundo a atividade ou os produtos vendidos
Os atacadistas podem ser classificados de acordo com os setores em que exercem suas atividades:

- alimentação e bebidas;
- têxtil, confecção, malhas e couros;

---

2. LAWRENCE, A. *Gestión práctica de la distribución comercial*. Madrid: Deusto, 2002.

- produtos farmacêuticos, perfumes e artigos de drogaria;
- comércio internacional.

Considerando essa divisão, quando se analisam dados e se pretende implementar políticas setoriais, a atividade das empresas está oficialmente catalogada de acordo com a atividade principal que exercem, segundo a Classificação Nacional de Atividades Econômicas (CNAE).[3] Por essa catalogação é atribuído a cada empresa um número que indica o setor em que ela exerce sua atividade principal. Esses códigos são estabelecidos no Brasil pela Comissão Nacional de Classificação (Concla).

3.3.2.2 Segundo as relações de propriedade

Os atacadistas podem ser independentes ou ter vínculos de propriedade com outros membros do canal, como é o caso de estruturas empresariais integradas verticalmente. As empresas que compõem o canal de distribuição podem ter identidade jurídica própria – atacadistas independentes – ou terem elos com outros intermediários, varejistas ou produtores, e estruturas de distribuição empresariais integradas verticalmente e dependentes do produtor; é o caso das centrais de compras e das centrais de negociação.

3.3.2.3 Segundo a localização

A classificação pela localização tem a ver com a posição relativa dos atacadistas no canal de distribuição:

- Atacadista na origem: caso dos intermediários de certos produtos frescos, que os compram de pequenos produtores para os acondicionarem em lotes maiores e vendê-los a outros atacadistas.
- Atacadista intermediário: caso de um importador de certos produtos, que os revende a outros atacadistas dentro do seu país.
- Atacadista no destino: caso de fornecedor de varejistas; as cooperativas de consumidores são também exemplos de atacadistas no destino.

3.3.2.4 Segundo a forma de desenvolver as atividades

A forma de um atacadista desenvolver sua atividade reflete em grande medida a estratégia empresarial do produtor. O nível de serviço

---

3. Os códigos CNAE podem ser encontrados no site: <http://www.cnae.ibge.gov.br/>. Acesso em: set. 2016.

oferecido é característica fundamental na escolha dos atacadistas que irão pertencer ao canal. Eles podem prestar todos os serviços comerciais ou só alguns, pelo que poderemos classificá-los do seguinte modo:

- atacadistas com serviços completos (crediário, entrega, garantia etc.);
- atacadistas com serviços parciais.

3.3.2.5 Segundo a transmissão de propriedade da mercadoria

Os atacadistas podem transferir a propriedade das mercadorias que transacionam ou simplesmente efetuar a negociação. Por exemplo, na representação de certos equipamentos muito onerosos, eles só executam a função de venda, cabendo aos produtores a transmissão da propriedade. Nesse caso serão classificados como segue:

- atacadistas que transmitem a propriedade;
- atacadistas que não transmitem a propriedade e, nesse caso, podem tomar as seguintes designações:
    - *brokers:* são os intermediários que não têm uma relação continuada com o fornecedor, limitando-se a pôr o vendedor em contato com o comprador e cobrando como remuneração/comissão uma porcentagem do valor da transação;
    - agente comercial: intermediário que mantém uma relação contratual com o fornecedor, atuando em seu nome e cobrando como remuneração/comissão uma porcentagem do valor da transação;
    - comissionista: intermediário que atua por conta do fornecedor com o qual tem um vínculo laboral; normalmente ganha salário-base mais uma porcentagem do valor da transação como comissão.

3.3.3 Varejistas – classificação

Os varejistas são os intermediários, ou comerciantes, que contatam diretamente os consumidores.

Para melhor entender o comércio varejista, é conveniente estabelecer uma classificação, que pode ser feita, segundo vários critérios.

3.3.3.1 Segundo a atividade ou produtos vendidos
- Alimentação e bebidas
- Têxtil, confecção e malhas

- Couros e afins
- Produtos farmacêuticos, perfumes e artigos de drogaria
- Veículos e acessórios
- Outros comércios

3.3.3.2 Segundo as relações de propriedade
- Comércio independente
- Locação de espaço em hipermercados
- Cooperativas de consumidores
- Franqueado
- Cantinas
- Loja de fabricante

3.3.3.3 Segundo a localização
- Zonas comerciais
- Centros comerciais
- Mercados

3.3.3.4 Segundo a estratégia (varejistas com loja)
- Comércio tradicional
- Comércio especializado
- Lojas de conveniência
- Autosserviços
- Supermercados
- Hipermercados
- Grande armazém
- Armazém popular
- Loja de discount

3.3.3.5 Segundo a estratégia (varejistas sem loja)
- Venda por correspondência
- Venda por catálogo
- *Telemarketing*
- Televenda (venda por televisão)
- Venda automática
- Venda porta a porta
- Venda ambulante
- Venda direta
- *E-commerce*

Essa classificação da atividade varejista tem a vantagem de possibilitar o estabelecimento, para cada critério, de análises comparativas, identificação da real concorrência dentro do setor ou mesmo oportunidades de negócio.

Também sob o ponto de vista do marketing estratégico é grande o interesse de agrupamentos seguindo alguns critérios, visto por essa via ser possível determinar tendências e definir as respectivas estratégias.

Um dos tipos de venda que nem sempre tem sido tomado em devida conta pelos analistas é o da **venda ambulante**, que representa não só a venda nas ruas, em feiras e em domicílio – com uma percentagem de volume de negócios muito significativa – mas também um fenômeno cultural e social (vendas em feiras e mercados em dias fixos, ou vendas ambulantes) que merece especial atenção.

Os produtores normalmente utilizam esse tipo de canal para produtos de baixa qualidade, em fase de declínio, com defeitos de fabrico, ou ainda para saldos ou lotes de finais de produção ou de estação. Também o comércio ilegal, para fugir ao controle fiscal, utiliza esse canal de distribuição, daí a necessidade de regulamentação e vigilância.

Nas **vendas porta a porta** devem ser consideradas não só as tradicionais vendas de produtos como os das marcas Tupperware e Avon, mas também as vendas executadas dentro das empresas pelos próprios funcionários ou por agentes que as visitam regularmente, sistema que é utilizado em grande escala por certos atacadistas e produtores. A propósito, há várias empresas especializadas na gestão desses canais de distribuição. Uma das particularidades desse sistema consiste na concessão imediata de crédito pelo vendedor, devido ao contato direto com o comprador, o que cria condições para o desenvolvimento desse sistema. Outra variante é a possibilidade de compra a crédito pelos clientes, que assim podem adquirir diretamente os produtos de que necessitam usando o crédito oferecidos por lojas participantes do sistema, assumindo os vendedores a responsabilidade pelos pagamentos.

ESTUDO DE CASO

Coca-Cola lança campanha porta a porta em Minas Gerais

Promotores vão visitar casas e pontos de grande circulação de Belo Horizonte e região metropolitana. Ação visa divulgar embalagens de plástico retornáveis.

PRISCILLA OLIVEIRA

A Coca-Cola levou promotores de Belo Horizonte (MG) e região metropolitana a baterem porta a porta para divulgar a embalagem de plástico retornável.

Até o dia sete de fevereiro, das 10:00 às 19:00, os profissionais divulgarão as vantagens do modelo PET retornável.

Os consumidores terão uma condição especial na compra do refrigerante: a embalagem será gratuita. Durante a campanha, os clientes receberão uma gargaleira com informações sobre os cuidados com a garrafa e a vantagem econômica do produto.

A iniciativa tem como objetivo fomentar as vendas da PET retornável, que poderão gerar economia aos clientes nas próximas compras da bebida. A empresa também quer reforçar a contribuição com o meio ambiente, uma vez que permite a máxima utilização do vasilhame antes de ser encaminhado para a reciclagem. Para manter o nível de qualidade do processo fabril, toda vez que retorna à fábrica, o frasco vazio passa por um sistema de higienização e seleção.

Fonte: OLIVEIRA, P. Coca-cola lança campanha porta a porta em Minas Gerais. *Mundo do Marketing*, jan. 2015. Disponível em: <http://www.mundodomarketing.com.br/ultimas-noticias/32563/coca-cola-lanca-campanha-porta-a-porta-em-minas-gerais.html>. Acesso em: set. 2016.

ESTUDO  DE CASO

Toc-toc-toc – Comércio porta a porta

Luciana Aguiar e Renato Meirelles

Que empresa não gostaria de ter uma relação direta com seus consumidores? Ter uma marca de confiança, independente dos investimentos em comunicação? Ou ainda, possuir uma equipe de vendedores que além de ser capaz de chamar cada cliente pelo nome ainda gaste parte dos seus rendimentos com produtos da própria empresa? Estes itens fazem parte do sonho de empresas de todo o mundo. Junte isso com uma necessidade cada vez maior de não depender do varejo tradicional e pronto, temos alguns ingredientes que fazem com que a opção pela venda porta a porta não pare de crescer no Brasil.

Isso acontece com empresas como Yakult, uma das pioneiras, Amway, Avon, Natura e outras que estão começando a seguir o mesmo caminho, como a Danone e Sara Lee. Ao contrário dos outros canais de varejo, o crescimento do comércio porta a porta acontece em períodos de crise econômica. Um bom exemplo é o caso da Avon que, em 1999, com a desvalorização do real, teve um aumento nas vendas em 26%. Nesses momentos, a venda direta se torna uma possibilidade de trabalho importante e, com sua capilaridade, consegue trazer o consumidor das classes C e D para esse mercado. Mas o que leva o consumidor popular a responder tão bem a esse canal? A venda direta se aproveita da propaganda boca a boca, com base numa relação de confiança e reciprocidade, muito presente na base da pirâmide. O segmento de baixa renda tem uma postura mais desconfiada diante das lojas de varejo, preferindo comprar de conhecidos ou pessoas que são do "pedaço".

A força da venda direta vem dessa capacidade da empresa em estabelecer uma relação direta com a rede de sociabilidade de suas vendedoras, consultoras, associadas etc. As vendas diretas também se beneficiam do hábito brasileiro de misturar negócios com relações pessoais. Este modelo de venda está baseado em laços mais fortes que os existentes entre a vendedora e a compradora tradicionais. Muitas das clientes preferem gastar um pouco mais com alguém que conhecem a economizar comprando numa loja.

Neste caso, prevalece a máxima nacional em que "as relações pessoais contam mais do que a lógica econômica", como diz o antropólogo Roberto da Matta, professor da Universidade de Notre Dame. A vendedora é geralmente uma pessoa próxima, que conhece o gosto da cliente, podendo vender produtos específicos. Além disso, responde às suas necessidades e zela por isso no processo de venda, adaptando-se melhor ao universo onde atua. A formação dos consórcios de beleza é uma estratégia de quem entende muito bem a relação entre o desejo e o tamanho do bolso da cliente.

Peculiaridades culturais à parte, a venda porta a porta tem como principal vantagem a capacidade de "agir localmente" em um mundo cada vez mais globalizado. E pode ser encarada de várias formas, de acordo com o ponto de vista de cada um. "É a privatização das relações pessoais", diria um estudante de sociologia, ou "são grandes companhias auxiliando na geração de renda", responderia C. K. Prahalad, em entrevista recente, ou "é uma estratégia de venda que dá maior capilaridade à distribuição", diria um gerente de marketing. O fato é que o lucro das empresas que optam por este canal é diretamente proporcional ao entendimento e ao respeito que sua força de vendas tem com o consumidor.

Em outras palavras e para ser prático, tente responder: é melhor comprar produtos de alguém que você conhece e confia ou de um estranho? E se esse alguém lhe oferecer o aval que só quem é cliente pode dar? E se, além de te dar explicações sobre como usar o produto, ainda lhe oferece crédito sem que você tenha que deixar um cheque? Para ser perfeito, só faltava tudo isso acontecer no conforto da sua sala, com aquele cafezinho que só você sabe fazer. Dificilmente uma visita como esta não resulta em pelo menos uma venda. Em função da descontração proporcionada pelo ambiente e pela relação com a vendedora, basta abrir o mostruário ou catálogo e a compra por impulso acontece. Neste caso, até a pechincha é atenuada devido ao laço de amizade; o que se negocia é a forma de pagamento. Por esta ótica é fácil entender o sucesso de um setor que movimenta 8,6 bilhões de reais e é fonte de renda para 1,5 milhão de pessoas.

Cerca de 60% das vendas de perfume, 75% das de maquiagem para olhos e 80% das de batom são feitas pela venda direta. A Avon está no Brasil desde 1959 e tem 1 milhão de revendedoras atuando no porta a porta. A Natura conta atualmente com 525,2 mil consultoras no Brasil, crescimento de 15,7% em referência ao mesmo período do ano passado.

Dados abaixo

- 1,5 milhão é o número de revendedores que atuaram em vendas diretas no país durante 2004. Em relação ao ano anterior, a quantidade de empreendedores do ramo cresceu 20%.
- 10,4 bilhões de reais é o valor movimentado pelos negócios gerados a partir das vendas diretas no país.
  O setor registrou crescimento acumulado de 27,5% no ano passado.

*Luciana Aguiar e Renato Meirelles são sócios-diretores do *Data Popular*.

Fonte: AGUIAR, L.; MEIRELLES, R. Toc, toc, toc – Comércio porta a porta. *O Estado de S. Paulo*, junho de 2005. Apud: *Mundo do Marketing*, Redação, ago. 2006. Disponível em: <httP://www.mundodomarketing.com.br/artigos/redacao/178/toc-toc-toc-comercio-porta-a-porta.html>. Acesso em: set. 2016.

VAMOS TESTAR SEUS CONHECIMENTOS?

1 Os intermediários levam a cabo uma série de funções que estão relacionadas com o estabelecimento das utilidades de tempo, lugar e posse, geradas pela própria distribuição. Essas funções acrescentam valor ao produto? Justifique sua resposta.

2 Os intermediários podem proporcionar crédito aos fabricantes ou aos consumidores?

3 A distribuição comercial não é protagonizada exclusivamente pelos comerciantes, outras instituições colaboram na função de distribuição. Quais seriam essas instituições? Discorra sobre elas.

4 Os atacadistas e os varejistas têm em comum o fato de atuarem como agentes de venda para seus fornecedores e como agentes de compra para seus clientes. Dessa maneira, os intermediários têm papel preponderante na criação das utilidades de tempo, lugar e posse. Como os varejistas criam utilidade para fornecedores e clientes?

5 "Os varejistas, pelo fato de estarem em contato mais próximo com o mercado, representam para a empresa produtora uma excelente fonte de informação." A qual tipo de informação a afirmativa se refere?

6 O atacadista é o intermediário que vende aos varejistas, a outros atacadistas ou fabricantes, mas não ao consumidor ou utilizador final. Os atacadistas e os varejistas têm em comum o fato de que atuam como agentes de venda para os seus fornecedores e como agentes de compra para os seus clientes. Qual o papel dos atacadistas no processo de criação de valor para os consumidores? Justifique sua resposta de forma lógico-argumentativa.

Logística

APRESENTAÇÃO

A liberalização dos mercados tem levado muitas empresas a modificarem suas rotinas. Efetivamente a entrada de empresas estrangeiras no mercado brasileiro, sobretudo as provenientes da China, aumenta a competitividade e tem instigado fabricantes e varejistas a procurarem soluções que garantam sua sobrevivência. Processos produtivos tornam-se mais eficientes e a distribuição de produtos ganha novas formas. O consumidor está cada vez mais bem informado e atualizado, exigindo produtos na quantidade, no prazo e nas condições desejadas, o que leva a distribuição física a ter um papel preponderante na diferenciação empresarial.

OBJETIVOS

Neste capítulo mostraremos a você a integração da distribuição física na logística empresarial e a importância do estudo da distribuição física enquanto um dos principais elementos de diferenciação empresarial que permite às empresas aumentar seu poder competitivo nos mercados em que atuam.

4.1 CONCEITO DE LOGÍSTICA

Em marketing, as expressões "logística" e "distribuição física", embora se apresentem como equivalentes, têm sido utilizadas em situações diferenciadas.

A **distribuição física** não só diz respeito à implantação de um sistema de distribuição, mas fundamentalmente tem a ver com sua concepção e gestão; por outro lado, é preciso destacar a importância que tem na concepção e na gestão o conceito de "fluxo eficiente". Assim, pode-se deduzir sua influência na determinação de um correto planeamento estratégico para a empresa.

Logística é um termo de origem francesa utilizado com frequência na linguagem militar com significado que compreende as atividades de transporte, abastecimento e alojamento das tropas. Não é por acaso que a logística é uma "arma" fundamental em todos os conflitos militares da atualidade. Um exemplo foi o papel fundamental desempenhado pelas atividades logísticas na vitória da coalisão de nações lideradas pelos Estados Unidos na operação Tempestade no Deserto, no Kuwait e no Iraque, em 2003. Outro caso em que a logística foi decisiva, agora por mau uso, foi a derrota de Napoleão Bonaparte, em 1811, durante a invasão da Rússia. Também as atividades comerciais são hoje em dia cada vez mais diferenciadas pelos processos logísticos empregados pelos diferentes intervenientes.

A definição de **distribuição física** dada pelo National Council of Physical Distribution Management[1] é a seguinte: "Distribuição física é a integração de duas ou mais atividades levadas a cabo com a finalidade de planear, implantar e controlar o fluxo eficiente de matérias primas, produtos semiacabados e produtos acabados desde a origem até ao consumo".

Atualmente a **logística** é definida pelo Council of Supply Chain Management Professionals (CSCMP) como:

> O processo de planejamento, implementação e controle de processos objetivando um eficiente e eficaz transporte e armazenagem de mercadorias, incluindo serviços e informações desde a origem até ao mercado consumidor visando respeitar os requisitos assumidos perante os clientes.[2]

Embora muitos autores identifiquem distribuição física com logística, o fato é que a primeira tem caráter eminentemente operacional, enquanto a segunda abrange não só aspectos operacionais como também outros de âmbito estratégico.

4.2 O PAPEL DA LOGÍSTICA

A maior e mais íntima ligação das atividades produtivas com as atividades comerciais tem na logística seu elo mais forte. Para melhor sistematizar o estudo da logística é usual classificá-la em logística *inbound* (logística de entrada) e logística *outbound* (logística de distribuição).

Das definições acima referidas, ressalta-se a importância que a distribuição física, sobretudo quando referida a logística *outbond*, tem no apoio à produção e à interligação desta com o sistema comercial, realçando a importância da informação no processo de gerenciamento do canal de distribuição.

Existem empresas cuja existência é baseada num departamento logístico bem organizado e eficiente, como é o caso da marca Zara, que deve abastecer suas quase 2 mil lojas espalhadas pelo mundo a partir do centro de operações situado em La Coruña, Espanha. Para esse tipo de empresa, a logística é a razão da sua existência. No entanto,

---

1. NATIONAL COUNCIL OF PHYSICAL DISTRIBUTION MANAGEMENT. *Careers in distribution*. Illinois: Oak Brook, 1983. p. 3.
2. COUNCIL OF SUPPLY CHAIN MANAGEMENT PROFESSIONALS (CSCMP). *Supply chain management terms and glossary*. Illinois: CSCMP, 2013. Disponível em: <https://cscmp.org/sites/default/files/user_uploads/resources/downloads/glossary-2013.pdf>. Acesso em: 10 out. 2016.

para a maioria das demais empresas, a logística é mais uma função interna que deve ser otimizada, tal como a função produção ou os recursos humanos.

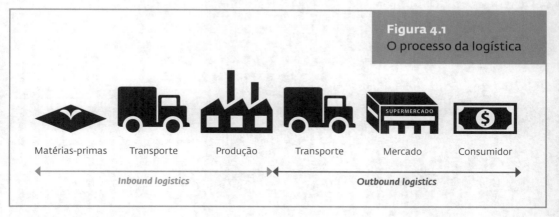

Figura 4.1
O processo da logística

Fonte: elaborada pelos autores.

ESTUDO DE CASO

Te cuida, Zara!

Gilberto Strunck

Na moda, as tendências são efêmeras. É necessário muita sensibilidade, produtividade e logística para identificar os desejos e necessidades das pessoas e transformá-las em produtos que cheguem rapidamente às lojas. Unindo todas estas características, e ainda a preços acessíveis, a Uniqlo avalia a sua vinda para o Brasil.

A Uniqlo é uma marca japonesa que aposta em um conceito de moda unissex e funcional. O nome da loja, aliás, é uma mistura das palavras "unique" e "clothes". A marca existe desde 1985, no Japão, onde estão cerca de 800 das suas quase 1.000 lojas. Em contínuo processo de internacionalização, traz um modelo de negócios que reúne fast fashion, experiência de compra e bons preços.

Hoje, a Uniqlo está presente na Coreia do Sul, Malásia, Cingapura, Taiwan, Hong Kong, Tailândia, França, Reino Unido, Rússia, Estados Unidos e, brevemente, nas Filipinas.

A marca se responsabiliza pelo ciclo completo dos seus produtos, da compra do algodão à produção de tecidos próprios e exclusivos. A maioria das roupas é confeccionada na China, processo que permite baixar preços, tornando-os acessíveis e um dos principais diferenciais da marca.

Outra vantagem é a produção de uma moda universal, que pode ser usada por todos e em todos os lugares, com uma rápida chegada às lojas. O resultado é uma excelente aceitação por parte do público. Para se ter uma ideia, a loja de Seul chegou a registrar vendas da ordem de US$ 1.7000,000 no dia da sua inauguração. Um recorde para este tipo de varejo.

A arquitetura das lojas é simples, clean. Um cenário branco destaca as mercadorias à venda. Os expositores de roupas seguem o mesmo conceito, sem muita presença, com o objetivo de valorizar apenas os modelos apresentados.

A comunicação nos pontos de venda condiz com as características modernas e despojadas da marca. As lojas, quase sempre bem grandes, exibem seu merchandising em telas com imagens em movimento. No caso da loja que acaba de ser inaugurada na 5ª Avenida, em Nova Iorque, enormes telas de LED instaladas nos elevadores, servem de cenário para os manequins.

Um dos pontos altos da Uniqlo é a forma como cada produto é apresentado. Ao lado dos manequins com as combinações dos modelos de roupas são disponibilizadas informações sobre as tecnologias empregadas, seus atributos e benefícios.

Em outras palavras, a marca consegue provocar o desejo pelo design e transformá-lo em necessidade pela informação. O design convence o lado direito do cérebro, mais emocional e instintivo. Já as tecnologias apresentam os argumentos que o lado esquerdo precisa para racionalizar a compra e efetivá-la. Com a união do emocional e do racional, é possível estimular a compra por impulso, incentivada pelos preços da rede.

A proposta da Uniqlo casa muito bem com o perfil do consumidor brasileiro, atento à moda jovem, antenada, contemporânea e com preços justos. Aliada à comunicação de merchandising e ao fato de o brasileiro ser um dos povos que mais compram por impulso no mundo, a Uniqlo, quando vier, terá excelentes vantagens no Brasil.

Fonte: STRUNCK, G. Te cuida, Zara! *Mundo do Marketing*, mar. 2012. Disponível em: <http://www.mundodomarketing.com.br/artigos/gilberto-strunck/23201/te-cuida-zara.html>. Acesso em: set. 2016.

Torna-se fundamental compreender de que maneira a logística pode contribuir para um reforço da empresa no mercado e quais os dividendos que esta poderá ter se o sistema implantado tiver êxito; assim, é necessário conhecer o sistema em pormenor, nomeadamente identificar seus pontos de estrangulamento e os respectivos *trade-offs*.

O sistema logístico é constituído por atividades que agregam valor (*value-added activities*), ou seja, aquelas pelas quais o consumidor está disposto a pagar, incluídas no preço final do produto, e atividades que não agregam valor (*non-value-added activities*), que representam o que o consumidor não deseja pagar para obter o produto.

Tomemos como exemplo a entrega de um livro. O consumidor está disposto a pagar mais se a entrega ocorrer no mesmo dia (o sobrepreço pela rapidez do transporte agrega valor ao consumidor), isto é, se o nível de serviço contratado for entrega em poucas horas; se esse livro demorar dez dias para ser entregue, ou seja, o nível de serviço contratado é para uma entrega diferida em vários dias, para o consumidor um eventual sobrepreço no transporte não lhe agrega valor. Do ponto de vista da empresa, para entregar o livro no mesmo dia deverá tê-lo em estoque, o que aumentará o custo da operação, mas agregará valor ao consumidor final.

Para cumprir com seu propósito – movimentar o produto desde sua origem até ao mercado consumidor –, a logística é responsável pela realização de uma série de atividades.

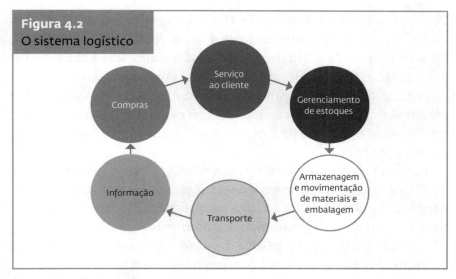

Figura 4.2
O sistema logístico

Fonte: elaborada pelos autores.

- Gerenciamento de estoques: no decurso das operações de transferência de mercadorias entre fornecedor e seu cliente, a logística deve realizar suas atividades de forma a garantir que eventuais estoques, sejam intermediários ou em trânsito, mantenham a integridade e os custos de manutenção sejam minimizados.
- Armazenagem e movimentação de materiais: seleção de localização, dimensões e características (refrigeração, automação etc.) das instalações que servirão para armazenagem dos produtos.
- Transporte do produto: determinação dos meios materiais (trem, rodovia, mar, rio, duto, aéreo ou meio combinado) que serão utilizados, assim como das rotas que serão utilizadas para movimentar os produtos da origem ao destino.
- Informação: canalização de informações mercadológicas que permitam virtualizar o sistema de distribuição, garantindo um melhor controle de todas as operações.
- Compras: inclui todas as atividades relativas a geração, controle e transmissão de pedidos de aquisição de mercadorias.
- Serviço ao cliente: implantação de estações de serviço, meios materiais e pessoal para receber e atender os clientes, assim como para viabilizar a entrega dos produtos.

4.3 OBJETIVOS DA DISTRIBUIÇÃO FÍSICA

Um bom sistema de distribuição física deve colocar no mercado, na quantidade certa e no momento devido, os produtos que a empresa comercializa. Cada vez mais, a logística das empresas é uma arma de diferenciação que permite criar vantagens competitivas sobre a concorrência. Os clientes esperam que os fornecedores disponham dos produtos quando deles necessitarem e, na maioria dos casos, não querem esperar, optando pela concorrência sempre que os produtos não estão disponíveis.

Para que o sistema funcione com eficácia é necessário que todas as funções que o compõem sejam executadas plenamente e na devida sintonia. De pouco servirá ter uma boa função de transportes se os armazéns de apoio funcionarem deficientemente.

A gestão da distribuição física deve coordenar todas as atividades e garantir os meios para seu funcionamento eficaz, dentro de um orçamento razoável.

Para muitas empresas, a distribuição física ou logística *outbound* é um fator-chave em sua atividade, e mesmo sua razão de ser tem a ver com a eficiência da logística, como é o caso das empresas de correio expresso (*courier*), das empresas de distribuição de alimentos frescos e das empresas que colaboram em políticas de *just in time*.

Uma das preocupações dos gestores é conseguir minimizar o custo total do sistema sem alterar significativamente sua qualidade. Dado que esse custo depende dos custos parcelares das diversas atividades, pode-se pensar que ao alterar os custos de alguma das funções que compõem o sistema, o custo total se modificaria; no entanto, isso não corresponde à realidade. Por exemplo, uma diminuição dos custos no processamento de notas de encomenda resulta, a princípio, num aumento dos custos de estocagem.

Também é preciso se preocupar com os custos exteriores ao sistema e que nele se refletem. São os denominados **custos de oportunidade**, que são aqueles que ocorrem quando as vendas deixam de ser realizadas por atrasos no abastecimento dos pontos de venda, pela ruptura de estoque ou quando, por entregas fora de prazo, os produtos não são vendidos como previsto, em virtude de os clientes os terem comprado da concorrência.

Um sistema efetivo de distribuição física deve evitar ou diminuir os custos de oportunidade, o que pressupõe aumentar os custos diretos para a empresa. Por exemplo, para evitar uma ruptura de estoque, deve-se aumentar o estoque de segurança nos armazéns de apoio, o que ocasiona maiores custos de estocagem. Conclui-se então que o objetivo do gestor nesta área deve ser procurar diminuir os custos totais para a empresa (os custos de oportunidade mais os custos diretos) através de um criterioso equilíbrio.

Os objetivos da distribuição física são:

- fornecer as quantidades pretendidas pelos clientes;
- abastecer todos os pontos de venda designados;
- cumprir com os prazos estabelecidos;
- executar sua função ao menor custo possível (custos diretos do sistema mais os custos de oportunidade).

4.4 ESTRUTURA DA DISTRIBUIÇÃO FÍSICA

De uma eficiente coordenação das funções enunciadas no item anterior decorre uma distribuição mais eficiente, com fluxos de melhor qualidade e conflitualidade diminuída. As atividades essenciais para que essas funções sejam cumpridas são:

- localização de instalações;
- transporte;
- armazenagem;
- gestão de compras;
- gestão e controle de estoques;
- decisões sobre serviço e tempos de espera para prestação de serviço.

4.4.1 Localização de instalações

A decisão quanto à localização de instalações é para uma empresa uma decisão de elevada implicação, exigindo grande reflexão por parte dos gestores responsáveis, e pode influenciar a estratégia comercial a ser implementada.

Dado o elevado peso dos custos de transporte na estrutura do preço final dos produtos, as diferenças entre remunerações em duas áreas geográficas distintas, a proximidade de fornecedores ou de mercados, a existência de condições de melhor qualidade de vida, ou mesmo a concorrência ocasionada por uma localização de maior proximidade da clientela ou com melhor acessibilidade, a decisão quanto à localização de instalações deve ser bem ponderada, pois depende de vários fatores.

Quadro 4.1 Fatores determinantes da escolha de um local

Manufaturas	Serviços
• Clima de trabalho favorável • Proximidade dos mercados • Qualidade de vida • Proximidade de fornecedores e recursos • Proximidade das instalações da matriz • Serviços públicos, impostos, custo dos imóveis	• Proximidade aos clientes • Custos de transporte e proximidade de mercados • Localização dos concorrentes • Fatores específicos do local

Fonte: elaborada pelos autores.

Os métodos mais utilizados para determinar a localização adequada são:

- ponderação qualitativa;
- comparação custos fixos e variáveis;
- análise dimensional.

Exemplo de análises de localização de instalações
Consideremos que os fatores determinantes de uma decisão sobre localização são:

- proximidade das matérias-primas;
- mão de obra;
- água e energia;
- proximidade dos mercados consumidores;
- atitudes da comunidade.

a) Método de ponderação qualitativa
   Esse método utiliza a seguinte matriz como base do processo decisório:

Tabela 4.1 Matriz-base do processo decisório

Fator	Peso (P)	Localidade A FAj	Localidade A Pj × FAj	Localidade B FBj	Localidade B Pj × FBj
Mão de obra	3	3	9	2	6
Clima	1	1	1	2	2
Condições de vida	2	3	6	2	4
Transportes	3	3	9	5	15
Assistência médica	4	2	8	1	4
Escolas	2	3	6	5	10
Atitudes da comunidade	2	1	2	3	6
Água	4	5	20	2	8
Energia	3	5	15	4	12
Soma			76		67

Fonte: elaborada pelos autores.

Construção da matriz
1. Com base em questionários, aplicados individualmente com líderes de opinião relacionados a cada setor de atividade, determinam-se os pesos relativos (P_j) de cada fator, utilizando o critério do grau de importância, que varia de 1 (pouco importante) a 5 (muito importante).
2. Na sequência utilizam-se valores de referência (índices) – Fa_j –, em que o valor 1 representa o "pior" desempenho e o valor 5 o "melhor" desempenho.
3. Ponderam-se os valores de referência com os pesos.
4. Comparam-se os totais obtidos para cada localidade, elegendo a que apresentar o maior valor.

b) Método de comparação custos fixos e variáveis

A metodologia compara os custos entre duas localidades com base na **análise do lucro** esperado ou no **ponto de equilíbrio**.

Analisemos o exemplo a seguir.

Uma empresa pretende instalar uma fábrica e estuda duas localizações. Ela espera produzir e vender 100 mil produtos manufaturados por ano ao preço médio de R$ 120,00 por unidade.

Os custos calculados para cada localização são:

Tabela 4.2 Custos por localização

	Local A	Local B
Custos fixos anuais (em milhares de R$)	440	350
Custo variável unitário (em R$)	80	85

Fonte: elaborada pelos autores.

Tabela 4.3 Critério do lucro

	Local A	Local B
Receita bruta de vendas	12.000.000	12.000.000
(–) Custos fixos	440.000	350.000
(–) Custos variáveis totais	8.000.000	8.500.000
Lucro anual	3.560.000	3.150.000

Fonte: elaborada pelos autores.

Figura 4.3
Critério do ponto de equilíbrio

$$q = \frac{CF}{PV - CV_{un}}$$

q = Ponto de equilíbrio
CF = Custo fixo
PV = Preço de venda
CV_{un} = Custo variável unitário

$$q(\text{Local A}) = \frac{440.000}{120 - 80} = 11.000 \text{ un.}$$

$$q(\text{Local B}) = \frac{350.000}{120 - 85} = 10.000 \text{ un.}$$

Fonte: elaborada pelos autores.

- Pelo critério do lucro, a escolha seria o **Local A**.
- Pelo critério do ponto de equilíbrio, a escolha seria o **Local B**.

Conclusão: em processos de decisão sobre a localização de instalações devem ser utilizados dois ou mais critérios de avaliação.

c) Método de análise dimensional

Nesse método utilizam-se, quando existem, custos quantificáveis e outros expressos por fatores qualitativos.

Exemplo de avaliação de localização utilizando os fatores: preço do terreno (R$); preço da construção (R$); custos de treinamento; clima; reação da comunidade; rede hospitalar.

1. Com base em questionários, aplicados individualmente com líderes de opinião relacionados a cada setor de atividade, determinam-se os pesos relativos de cada fator.
2. Determinam-se para as variáveis quantificáveis os valores de cada região.
3. Na sequência utilizam-se valores de referência (índices) para variáveis expressas por fatores qualitativos, em que o valor 1 representa o "pior" desempenho e o 10 o "melhor" desempenho.

Tabela 4.4 Valores estimados para cada fator

Fator	Localidade 1	Localidade 2	Peso
Preço do terreno (em R$)	16.000.000	24.000.000	2
Preço da construção (em R$)	40.000.000	48.000.000	3
Custos de treinamento (em R$)	240.000	160.000	1
Clima	5	2	3
Reação da comunidade	4	3	4
Rede hospitalar	6	4	3

Fonte: elaborada pelos autores.

4. Para dar andamento à análise, calcula-se um coeficiente de mérito CM relacionando duas localidades do seguinte modo:

$$CM_{1,2} = \left(\frac{16}{24}\right)^2 \times \left(\frac{40}{48}\right)^3 \times \left(\frac{24}{16}\right)^1 \times \left(\frac{5}{2}\right)^3 \times \left(\frac{4}{3}\right)^4 \times \left(\frac{6}{4}\right)^3 = 63,90$$

5. Para concluir, comparam-se os índices CM. Nesse caso, como $CM_{1,2}$ é maior do que 1, a localidade 2 é preferível à localidade 1, pois tem desvantagens menores. Note que as variáveis utilizadas nesse cálculo foram fatores negativos (custos).

4.4.2 Transporte

Vários são os meios de transporte colocados à disposição das empresas para movimentarem seus produtos. A escolha da melhor modalidade obedece a vários critérios. Enumeram-se a seguir as modalidades de transporte, características e critérios de escolha.

Ao analisar as diferentes modalidades de transporte não se deve esquecer a importância crescente dos correios, nas suas distintas modalidades, desde as entregas comuns até as expressas. Esses sistemas combinam diversas formas de transporte e são utilizados quando se pretende ter rapidez (expresso), segurança (avisos de recepção) e eventualmente serviços adicionais, como a cobrança contraentrega. Por sua importância crescente, devem ser estudados detalhadamente. Têm a desvantagem de ser utilizados para pequenos volumes, isto é, as dimensões e o peso condicionam sua utilização.

Quadro 4.2 Características de meios de transporte

MODALIDADE	CARACTERÍSTICAS
Trilhos	Grande capacidade Ampla cobertura geográfica Serviços acessórios Custo unitário reduzido
Rodoviário	Cobertura geográfica intensiva Serviço porta a porta Flexibilidade Rapidez Maior frequência
Marítimo/fluvial	Movimento massivo de mercadorias Custos mais baixos por unidade Maior capacidade
Oleodutos	Movimento massivo de líquidos Grande capacidade Alta dependência Custo operativo unitário reduzido
Aéreo	Rápido para grandes distâncias Pequena capacidade Custos unitários mais elevados Serviços adicionais
Combinado ou multimodal	Combina vantagens dos outros Reduz perdas e desperdícios Possibilidade de maior eficiência

Fonte: adaptado de MAGEE, J. F.; COPACINO, W. C.; ROSENFIELD, D. B. *Modern logistics management*. New York: John Wiley & Sons, 1985. p. 126.

São vários os critérios que podem ser utilizados para a avaliação das modalidades de transporte pelo responsável de distribuição. Os mais usuais são os que seguem.

- **Custo:** varia consoante o tipo de modalidade escolhida, a mercadoria, a distância, as condições de entrega e de descarga etc. Pela elevada importância em jogo, torna-se particularmente importante considerar no cálculo dos custos do transporte o valor atribuído contratualmente aos tempos de carga, descarga e espera.
- **Rapidez:** o tempo de transporte muitas vezes condiciona o prazo de entrega. Nessa fase, deve-se equacionar se o cliente está disposto a pagar mais pelo fato de os produtos serem transportados com maior

rapidez. A rapidez do serviço pode, em muitos casos, tornar-se uma vantagem competitiva para a empresa.
- **Capacidade:** as quantidades de produto condicionam os meios de transporte a ser utilizados. Um navio pode transportar 50 mil toneladas métricas ou valores ainda maiores, um avião muito raramente transportará mais do que 100 toneladas métricas.
- **Disponibilidade:** para transportar mercadorias para um destino específico deve-se atentar à viabilidade de utilização do transporte escolhido. Ao pensar em disponibilidade é preciso analisar se as condições no destino possibilitam a descarga dos produtos em segurança.
- **Frequência:** é preciso haver continuidade no sistema escolhido, pois as alterações podem afetar os custos do transporte. Ao pensar nesse ponto, e sempre que se levantem dúvidas quanto à continuidade do sistema, não pode a empresa ficar dependente de um único transportador ou sistema, devendo sim estar preparada para mudar, sem sobressaltos, para um sistema alternativo.
- **Confiabilidade:** deve haver confiança no sistema a utilizar, isto é, o sistema deve levar a cabo suas funções nos prazos previstos.
- **Flexibilidade:** o sistema deve ser capaz de se adaptar às características do produto, sem diminuir sua eficácia.
- **Serviço:** o acondicionamento das mercadorias, o seguro dos transportadores e a reparação de danos provocados por maus serviços devem estar previstos na escolha do melhor sistema.

Uma boa escolha precisa considerar todos os aspectos acima referidos. Fundamentalmente o sistema deverá contribuir para uma melhor gestão de toda a estratégia de distribuição, não esquecendo que deverá ser suficientemente flexível para se adaptar às características do cliente, sem esquecer os objetivos da própria empresa.

Uma empresa pode transportar seus produtos em meios próprios ou designar essa tarefa a outras empresas. Geralmente, as empresas utilizam somente transportes próprios quando se trata de transportes terrestres por estrada, preferindo contratar terceiros para as outras modalidades. No entanto, existem exceções, como no caso de companhias petrolíferas, que têm suas próprias frotas de navios, e de companhias de serviço de correios, com as suas frotas de aviões.

Atualmente, começam a surgir com grande força as empresas que distribuem produtos por meio de contratos de serviços logísticos. É o conceito *you make, we distribute it* (você produz, nós distribuímos). Esse tipo de empresa apresenta várias vantagens, que devem ser ponderadas quando se planeja distribuição, visto que através de especialização conseguem providenciar um fluxo eficiente de bens ao mais baixo custo, acompanhado de informação complementar desde o ponto de partida até o consumidor final.

Terceirização nas atividades logísticas

A terceirização é a decisão tomada por uma organização em relação à questão dicotômica que envolve os bens ou serviços: fazer ou comprar?
Entre as razões que justificam a terceirização, salientam-se:

- ausência de vantagens competitivas, financeiras e operacionais com soluções internas;
- ausência de massa crítica e benefícios com economias de escala (exemplo: consolidação de cargas);
- complexidade de pequenas atividades;
- subotimização de recursos;
- deficientes infraestruturas ou dificuldades operacionais;
- falta de capital ou existência de melhores oportunidades para sua aplicação;
- variação dos custos fixos;
- aligeiramento dos recursos próprios.

A decisão de compra de serviços logísticos de entidades externas que tenham a capacidade de fazê-los melhor (melhor do que as próprias empresas contratantes caso desenvolvessem as atividades *in-house*) implica a sequência meticulosa de vários procedimentos de avaliação do prestador de serviços logísticos (PSL), que deve ser feita de acordo com as necessidades da empresa contratante.

O primeiro aspecto que deve ser observado é precisamente a questão da necessidade e dos benefícios eventuais na terceirização de determinada atividade, pois ao terceirizar perdem-se competências e manter competências internas significa custos extras, mas também garante menores riscos e facilidade de reverter a decisão.

4.4.2.1 Os prestadores dos serviços logísticos (PSL)

Prestadores de serviços logísticos são todas as empresas que no sistema logístico efetuam atividades por conta e ordem das empresas produtoras. São elos nos canais de distribuição, ligando os vários intervenientes da cadeia de abastecimento. Os **prestadores de serviços logísticos** têm ganhado massa crítica e se tornado verdadeiros profissionais no desenvolvimento das atividades que desempenham.

Os PSL podem ser classificados em função da integração com as empresas que se servem de seus serviços.

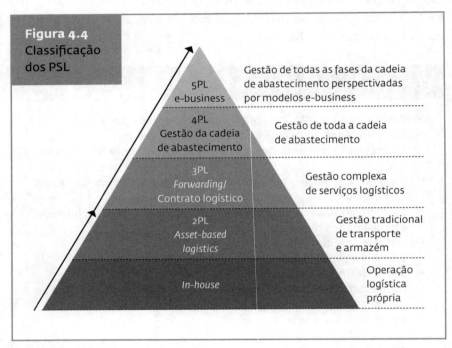

Figura 4.4
Classificação dos PSL

Fonte: elaborada pelos autores.

Operadores in-house

Nas operações in-house, a empresa não terceiriza o transporte, e sim o operacionaliza com meios próprios, assim como a armazenagem e os equipamentos de movimentação. Possui *staff* (pessoal próprio) para processar as funções logísticas. É a forma tradicional de fazer distribuição, que pode ser realmente bastante eficiente e eficaz, requerendo, no entanto, atenção às flutuações do mercado e disposição da empresa para tratar internamente todas as atividades. Esse modo de atuação é muito utilizado por pequenas indústrias.

Prestador de serviço logístico do tipo 2PL – Asset-based logistic provider
Nessa forma de atuação, as empresas gerenciam de forma tradicional o transporte e a armazenagem. Sempre que necessitam de algum desses serviços, contatam empresas especializadas. É uma forma adaptável para empresas que não têm infraestrutura suficiente para sua atividade logística. A principal razão para a escolha desse tipo de PSL é o baixo custo de aquisição e/ou baixo investimento de capital. Não se trata de uma relação de parceria entre a empresa e o PSL, mas da compra de serviços logísticos, por parte do contraente, em mercado *spot* e para questões mais pontuais.

Prestador de serviço logístico do tipo 3PL – Third-party logistics provider ou forward logistic
Trata-se de uma empresa externa, contratada para fornecer atividades logísticas (todo o processo ou atividades selecionadas). Nesse caso, o contrato – beneficiando as duas partes – é efetuado entre dois parceiros e compreende quer o fornecimento de serviços básicos de logística, quer a oferta de serviços personalizados, com um amplo número de funções de serviço. O 3PL surge de uma aliança logística ou estratégica, com o propósito de estabelecer uma relação próxima entre a empresa e o fornecedor de logística, não apenas para realizar tarefas logísticas mas também para assumir riscos e benefícios de uma forma partilhada. Normalmente o contrato é efetuado por um longo período de tempo e pressupõe-se que o prestador de serviços trabalhe com meios próprios (frota, armazéns, entre outros).

Prestador de serviço do tipo 4PL[3] – Fourth-party logistics provider (4PL™) ou supply chain logistics ou lead logistics provider (LLP)
O 4PL™ serve para melhorar o serviço de resposta ao cliente de forma personalizada e flexível, gerindo e executando operações logísticas complexas, que incluem recursos a outros prestadores de serviços, tanto de transporte como de armazenagem, ou ainda na área dos sistemas logísticos de informação. O 4PL™ (que deriva do 3PL) presta serviços logísticos com meios próprios e agrega meios de outros prestadores

---

3. A designação 4PL™ é atribuída à empresa de consultoria Accenture, que define esse tipo de operador como um integrador que reúne recursos, capacidades e tecnologia de sua organização ou de outras que terceiriza para projetar, construir e executar soluções abrangentes na cadeia de suprimentos (*supply chain*).

de serviços logísticos. Funciona, perante o cliente, como o contratador único, muito embora se saiba que depois, para efetuar as operações, necessita recorrer a meios de empresas externas, as quais contrata. Esse tipo de prestador de serviços realiza um *contrato* único, que gere e integra todos os tipos de recursos necessários, inspeciona, administra e fiscaliza todas as funções dos 3PL contratados. Consegue operar num espaço geográfico mais alargado, pois chega aonde é difícil chegar, num curto espaço de tempo, nas condições adequadas e a um custo teoricamente mais baixo. É o tipo de operador que garante os fornecimentos *just in time* das linhas de montagem.

Prestador de serviço do tipo 5PL – Fifth-party logistics
O 5PL foi desenvolvido para servir o mercado do e-business, integrando os 3PL e os 4PL e promovendo o encontro entre prestadores de serviços logísticos e seus potenciais clientes. O 5PL pode ser mesmo o gestor de todas as fases de uma cadeia de abastecimento para modelos de negócio eletrônico.

4.4.2.2 Problemas de transporte
Sempre que uma empresa precisa abastecer múltiplos pontos de venda a partir de vários centros de armazenagem intermédios, a primeira decisão da gestão da distribuição é a escolha da opção que irá utilizar: distribuição direta, isto é, com meios próprios da empresa, ou terceirização do serviço a uma empresa especializada. No caso de a decisão ser a distribuição direta, se a empresa possuir vários armazéns ou centros de distribuição (CDs), deverão ser designados para cada CD os clientes que serão por ele abastecidos e as possíveis rotas que os produtos deverão percorrer. A otimização dessa operação é conseguida pela escolha criteriosa da localização dos armazéns ou CDs que irão abastecer os clientes e da forma como as fábricas irão abastecê-los. Esse é o caso típico de um problema de transporte que pode ser resolvido, como mostra o exemplo a seguir.

O problema do transporte busca otimizar as rotas entre produções, armazéns de apoio e mercados consumidores. A complexidade do transporte de produtos pode ser exemplificada com a seguinte situação: uma empresa utiliza armazéns descentralizados em São Paulo, Campinas e São José do Rio Preto para distribuir seus produtos. Para satisfazer aos seus "n" clientes, terá teoricamente $3 \times n$ possibilidades. Se essa empresa tiver duas unidades de produção localizadas em São José dos Campos e Lins, as possíveis rotas para seus produtos chegarem aos clientes passarão a ser $2 \times 3 \times n$.

Esse tipo de problema de transporte é resolvido com a utilização de algoritmos, como o método do canto noroeste, o método de Vogel ou o método de Stepping Stone, exemplificados a seguir:

Uma empresa dispõe de três centros de produção – fábricas **F**, **G** e **H** – situados em diferentes localidades, com capacidade de produção, respectivamente, de 100, 120 e 120 toneladas por dia de determinado produto, com que abastecem cinco centros de distribuição seus – armazéns **P**, **Q**, **R**, **S** e **T** –, também situados em diferentes locais, os quais movimentam, respectivamente, 40, 50, 70, 90 e 90 toneladas por dia.

Pretende-se estabelecer o programa mais econômico de distribuição do produto desde as fábricas até aos armazéns.

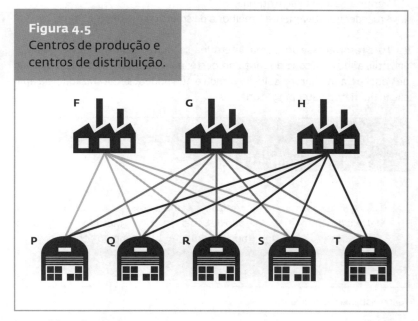

Figura 4.5
Centros de produção e centros de distribuição.

Fonte: elaborada pelos autores.

Os custos unitários de transporte são os seguintes:

Tabela 4.5 Custos unitários

	\multicolumn{6}{c}{Custos unitários (R$ 1.000/t) - Transporte fábrica – Armazém – Produção e demanda}
	P	Q	R	S	T	Produção ↓
F	4	1	2	6	9	100
G	6	4	3	5	7	120
H	5	1	6	4	8	120
Demanda →	40	50	70	90	90	

Fonte: elaborada pelos autores.

Metodologia de resolução

1. Tomar uma decisão prévia quanto à repartição das unidades fabris pelos vários armazéns.
2. Procurar, por tentativas metódicas, uma nova solução, próxima à ótima. Verificar se a solução é ótima.
3. Proceder iterativamente à melhoria da solução até atingir o ótimo.

Para resolver esse problema determina-se uma solução inicial, que seja viável, utilizando o método do canto noroeste; na sequência, utiliza-se o método de Vogel para melhorar a solução obtida e que poderá ser otimizada pela aplicação do método Stepping Stone.

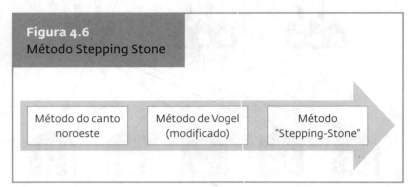

Figura 4.6 Método Stepping Stone

Fonte: elaborada pelos autores.

Método do canto noroeste

- Passo 1 – Considere a casa não preenchida no canto superior esquerdo (NW) corrente e atribua-lhe a maior quantidade possível.

- Passo 2 – Se a atribuição feita saturou a oferta da linha, avance uma linha; se saturou a coluna, avance uma coluna.
  Obs.: se saturou ambas e não é a última atribuição, a solução é degenerada e trata-se de um caso a examinar.

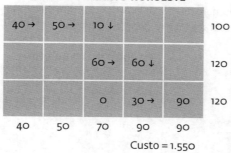

MÉTODO DO CANTO NOROESTE

40 →	50 →	10 ↓			100
		60 →	60 ↓		120
			0	30 →	90	120
40	50	70	90	90	

Custo = 1.550

Método de Vogel
- Passo 1 – Calcule na matriz de custo a diferença entre os dois valores menores em cada fila (linha ou coluna) e selecione a fila que tiver a diferença mínima.
- Passo 2 – Atribua na matriz de transporte a quantidade maior possível ao elemento mais barato da fila selecionada.
- Passo 3 – Se a atribuição feita saturou a capacidade da fila, elimine a fila de C (se foram saturadas linha e coluna e esta não é a última atribuição, a solução é degenerada).
- Passo 4 – Prossiga no preenchimento dessa fila selecionando como mais barato o novo elemento disponível.

MÉTODO DE VOGEL (MODIFICADO)

30	0	70	0	0	100
10	0	0	20	90	120
0	50	0	70	0	120
40	50	70	90	90	

Custo = 1.430

Método Stepping Stone
O método Stepping Stone chega à solução ótima partindo de uma solução inicial e pesquisando se alguma solução melhor pode ser obtida.

Solução básica inicial – método do mínimo custo

1. Atribuir o máximo possível à variável com menor custo unitário e preencher com zeros a linha ou coluna correspondente a ela.
2. Ajustar os elementos da linha ou coluna não ajustada a partir da variável com menor custo.
3. Repetir o processo para as variáveis com outros custos em ordem crescente.
   Obs.: o número de células preenchidas tem que ser $m + n - 1$, caso contrário o processo trava (m = origem; n = destino).

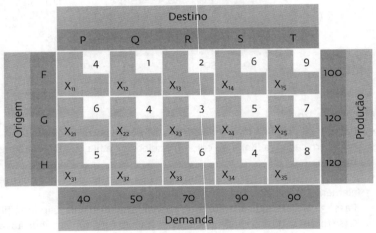

> Conclusão: os custos de distribuição do produto desde as fábricas até aos armazéns obtidos pelos métodos descritos são, respectivamente:
>
> - Canto noroeste = 1.550
> - Método de Vogel = 1.430
> - Stepping Stone = 1.590

4.4.2.3 O transporte no Brasil

No Brasil, o sistema logístico orientou-se da costa para o interior visando a importações, e atualmente, com o incremento das exportações de *commodities* oriundas do interior, percebem-se as deficiências existentes na infraestrutura logística.[4] Nesse contexto, uma análise dos transportes ganha maior importância devido aos seguintes fatores, entre outros:

- dimensão continental do país;
- deficiente dimensionamento de infraestruturas (estradas, portos, aeroportos);
- déficit de equipamento ferroviário;
- rodovias em mau estado;
- elevados custos de pedágio;
- complexidade do sistema tributário;
- predomínio de transportes de *commodities* a granel (soja, minério de ferro, açúcar etc.), requerendo grande participação de transporte rodoviário.

Nota-se que no Brasil o transporte rodoviário foi priorizado em detrimento de outros modais, principalmente do ferroviário, e somente no final da década de 1990, com a realização das privatizações, os investimentos foram retomados. No entanto, mesmo com os investimentos realizados até 2011, a modalidade rodoviária ainda é responsável pela movimentação de 52% dos fluxos de carga.[5]

---

4. RAZZOLINI FILHO, E. *Transporte e modais*: com suporte de TI e SI. Curitiba: Editora Ibpex, 2012. p. 25.
5. BRASIL; MINISTÉRIO DOS TRANSPORTES. *Projeto de reavaliação de estimativas e metas do PNLT*. Relatório final. Brasília, 2012. Disponível em: <http://www.transportes.gov.br/images/2014/11/PNLT/2011.pdf>. Acesso em: set. 2016.

Os elevados custos logísticos afetam o crescimento econômico das regiões do interior, especialmente do Norte, do Nordeste e do Centro-Oeste, diminuem a competitividade das produções e encarecem os custos dos produtos exportados. A racionalização de custos de transportes com a utilização de modalidades alternativas à rodoviária, como, por exemplo, a ferroviária e a hidroviária, aliada à melhoria de infraestrutura, estradas, portos, aeroportos e vias fluviais, impacta o aumento de competitividade empresarial e o desenvolvimento econômico do interior.

Verifica-se, dessa forma, o papel fundamental da logística para as empresas, e mais objetivamente o papel do subsistema de transportes como elo fundamental entre as empresas e seus clientes, pois agrega valor aos bens transportados, conferindo-lhes utilidades de espaço, de tempo e de uso, isto é, disponibilizando esses bens quando e onde são necessários e em condições apropriadas de uso/consumo.[6]

4.4.3 Armazenagem
Essa função inclui as atividades necessárias à recepção dos produtos originários da produção ou de outro fornecedor e à sua conservação em condições apropriadas até serem entregues aos clientes ou a outros armazéns da empresa.

Certas funções normalmente realizadas pelos intermediários podem ser executadas nessa fase, como a adequação da oferta à procura, isto é, a separação dos produtos em lotes de venda (separação de grandes quantidades em quantidades menores, adaptáveis ao perfil dos diferentes clientes).

As decisões sobre armazenagem afetam intensamente as políticas comerciais da empresa. Uma das primeiras decisões sobre essa matéria refere-se à opção entre armazém alugado ou próprio. A decisão de alugar instalações, embora pareça de grande flexibilidade, pode apresentar alguns inconvenientes que convém ponderar:

- custos variáveis de armazenagem mais elevados;
- possibilidade de falta de adaptação às características dos produtos;
- investimento em adaptações e instalações, normalmente perdido quando houver mudança de local.

---
6. RAZZOLINI FILHO, 2012.

A decisão de comprar instalações tem vantagens sobretudo na possibilidade de se poder efetuar uma melhor gestão do espaço, mas tem o inconveniente de representar para a empresa um investimento considerável.

A organização dos armazéns deve obedecer a critérios rígidos, tendo em vista a boa acessibilidade dos produtos, a segurança em sua armazenagem, a limpeza das instalações e a clareza no processamento das movimentações. Atualmente, os sistemas de armazenagem evoluíram com a introdução de modernos equipamentos, sendo o controle dos produtos mais efetivo pelo recurso à informatização.

4.4.4 Gestão de compras

O processamento de pedidos inclui todas as atividades relativas a geração, controle e transmissão de pedidos de aquisição de mercadorias; é a atividade que influencia uma eficaz gestão de compras e que está relacionada com o controle de estoques.

A introdução de códigos de barras para a identificação de produtos e, mais recentemente, de etiquetas RFID tem facilitado o processamento de pedidos em particular e a gestão de compras em geral.

RFID (*radio frequency identification* ou identificação por rádio frequência) é a designação atribuída às tecnologias que utilizam a frequência de rádio para captura de dados. É utilizada para identificar, rastrear e gerenciar desde produtos e documentos até animais ou mesmo indivíduos, sem contato e sem a necessidade de um campo visual. Tem grande utilização em aplicações em logística e no comércio varejista.

Fonte: CENTRO DE EXCELÊNCIA EM RFID (RFID CoE). Disponível em: <http://www.rfid-coe.com.br/_Portugues/OqueERFID.aspx >. Acesso em: 25 out. 2016.

O problema da gestão de compras tem a ver com o tamanho do pedido, isto é, a quantidade adquirida a cada pedido. Quanto maior o pedido, menor a frequência de pedidos para suprir as necessidades da empresa. Como o processamento de um pedido tem um custo fixo, independentemente do volume dele, o custo total de processamento de pedidos em determinado período será menor quanto maior for o tamanho do pedido. Por outro lado, quanto maior o tamanho do pedido, maior será o custo de manutenção ou de armazenagem.

Quadro 4.3 Cálculos de custos de armazenagem

Custo total de armazenagem	Valores das equações (X 100)
= Taxa de armazenagem	S = Área ocupada pelo estoque A = Custo anual do m² C = Consumo anual P = Preço unitário $\dfrac{S \times A}{C \times P}$
+ Custos de capital	$\dfrac{\text{Lucro}}{\text{Valor estoques}}$
+ Custos de seguro	$\dfrac{\text{Custo anual do seguro}}{\text{Valor estoque + edifícios}}$
+ Custos de manuseio	$\dfrac{\text{Depreciação anual do equipamento}}{\text{Valor do estoque}}$
+ Custos de obsolescência	$\dfrac{\text{Perda anual por obsolescência}}{\text{Valor do estoque}}$
+ Outros custos	$\dfrac{\text{Despesas anuais}}{\text{Valor do estoque}}$

Fonte: elaborado pelos autores.

Assim, devem ser considerados dois custos "opostos": os custos de processamento de pedido e os custos de armazenagem ou manutenção de estoques, e a quantidade ótima de pedido, que designaremos de "lote econômico de encomenda", será a que minimizar a soma de ambos os custos.

O lote econômico de encomenda pode ser calculado conforme segue.

Considere:
- M = consumo anual do item em unidades;
- k = custo fixo de processar um pedido;
- c = custo de armazenagem por período e unidade de tempo;
- Q = quantidade do pedido (em unidades).

Supondo que o pedido Q seja recebido quando o estoque estiver esgotado ou tiver atingido um nível mínimo de segurança e que os produtos serão consumidos de forma regular, o estoque médio armazenado será de Q/2 (mais eventual estoque de segurança), como pode ser verificado no exemplo apresentado no gráfico.

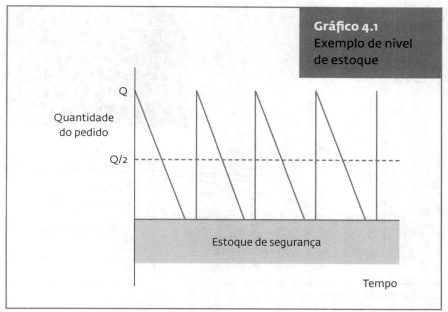

Fonte: elaborado pelos autores.

O custo total de armazenagem (CM) será:

$$CM = \frac{Q}{C} \times c$$

O custo de processamento de pedidos é dado em função da quantidade de pedidos e do custo fixo de efetuar cada um deles. O número de pedidos é obtido dividindo-se a quantidade total comprada no período (M) pelo tamanho do pedido (Q), ou seja, M/Q, e o custo total de processamento de pedido (CP) será:

$$CP = \frac{M}{Q} \times k$$

Somando o custo de manutenção CM com o de processamento, obtém-se o custo total (CT) do processo de compra:

$$CT = \frac{Q}{2} \times c + \frac{M}{Q} \times k$$

O comportamento desses custos (armazenagem, processamento e custo total) pode ser analisado no gráfico seguinte:

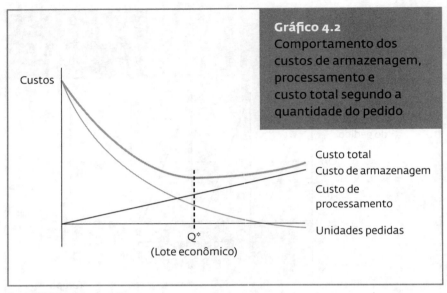

Fonte: Elaborado pelos autores.

O pedido ótimo – Q* (lote econômico de encomenda) –, que proporciona o custo total mínimo, é obtido pela seguinte fórmula:

$$Q^* = \sqrt{\frac{2 \times M \times k}{c}}$$

Considere o exemplo apresentado a seguir.

O consumo de determinada peça é de 20 mil unidades por ano. O custo de armazenagem por peça e por ano é de R$ 1,90 e o custo de pedido é de R$ 500. O preço unitário de compra é de R$ 2,00. Pretende-se determinar o:

- lote econômico de encomenda;
- custo total anual;
- número de pedidos por ano;
- tempo entre os pedidos.

a) Lote econômico de encomenda

$$Q^* = \sqrt{\frac{2 \times 500 \times 20.000}{1,90}} = 3.245 \text{ peças/pedido}$$

b) Custo total anual

$$CT = P \times M + k \times \frac{C}{Q} + c \times \frac{Q}{2}$$

P = Preço unitário de compra

c) Número de pedidos

$$\text{Pedidos} = \frac{C}{Q} = \frac{20.000}{3.245} = 6,2 \text{ pedidos por ano}$$

d) Tempo entre pedidos

$$\text{Tempo} = \frac{Q}{C} = \frac{3.245}{20.000} = 0,162 \text{ anos}$$

4.4.5 Gestão e controle de estoques

A gestão e o controle de estoques estão diretamente relacionados com a gestão de compras; no entanto, as empresas devem desenvolver uma política de estoques que atenda aos aspectos a seguir.

- Quais metas devem ser alcançadas quanto a tempo de entrega dos produtos aos clientes?
- Quantos depósitos e/ou almoxarifados a empresa irá manter e quais os materiais a serem neles estocados?
- Qual o nível de flutuação de estoques para atender a uma alta ou baixa das vendas ou alteração no consumo?
- Até que ponto é possível especular sobre compras antecipadas ou em maior quantidade?
- Qual a rotatividade dos estoques?
- Qual o nível do estoque de segurança?

Do ponto de vista financeiro é possível afirmar que os estoques devem flutuar dentro da margem a seguir exemplificada:

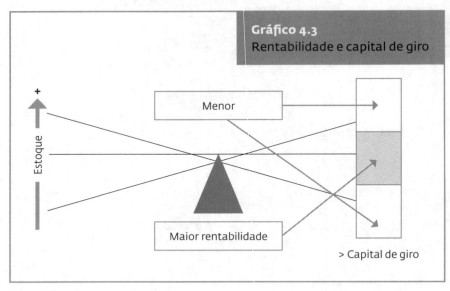

Fonte: elaborado pelos autores.

Um enfoque estratégico dos estoques leva em conta a determinação do estoque de segurança, que vai influenciar o ponto do pedido, como se exemplifica a seguir:

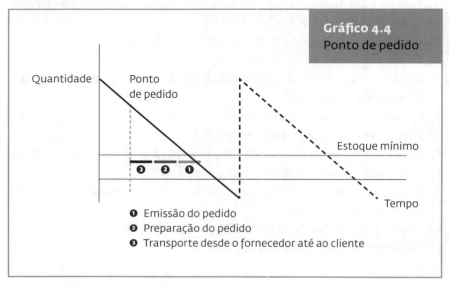

Fonte: elaborado pelos autores.

Como analisamos, a quebra de estoques representa um custo de oportunidade. Esse custo diminui com o aumento dos estoques; já os custos de armazenagem aumentam com o aumento dos estoques. O objetivo é conseguir minimizar a soma de ambos os custos e não cada custo em separado. Assim, pode-se afirmar que a gestão de estoques deve atender ao nível de estoques que minimiza o custo total.

Custo total = custo de oportunidade + custo de armazenamento

4.4.6 Decisões sobre serviço e tempos de espera para a prestação de serviço

Na etapa final da distribuição física do produto, o problema que se coloca é relativo às condições ambientais a que está sujeito o serviço prestado ao cliente. É importante salientar que ele espera a qualidade de serviço que foi prometida e, sobretudo, que seja cumprido o tempo que deverá esperar pela realização do serviço.

O tempo de espera pode impacientar o cliente, que eventualmente procurará outro ponto de venda. Essa fuga é um custo de oportunidade que deve ser considerado pela empresa. Uma solução para o problema é aumentar a disponibilidade do produto em um maior número de pontos de venda, o que reduziria o tempo de espera e, em consequência, o custo de oportunidade, mas aumentaria os custos de distribuição.

Formalmente o problema consiste em determinar o número de pontos de venda que minimiza a função de custo total:

Custo total = custo do serviço + custo de oportunidade

Da mesma forma que no caso do gerenciamento de estoques, uma vez definidas as funções de cada um dos custos referidos, pode-se determinar o tempo de espera ótimo e deduzir o nível de serviço que se deve prestar.

4.5 A NEGOCIAÇÃO NA LOGÍSTICA

A filosofia de "orientação para o mercado" ou "*marketing concept*" tem subjacentes as noções fundamentais do marketing e, dentro destas, as relativas à distribuição. Tradicionalmente, estuda-se que as instituições que fazem parte do canal são responsáveis pelo fluxo que o percorre.

Vários autores desenvolveram a ideia de separação de fluxos dentro do canal, separando os elementos da negociação (*bargaining transaction*) dos de intercâmbio físico (*physical exchange*), pois a rede mais efetiva para a realização de transações comerciais não é necessariamente a de melhor fluxo de intercâmbio físico. Eles concluíram que a ideia de separação dos fluxos em dois subsistemas – negociação e intercâmbio físico – é a melhor maneira de se compreender o sistema de distribuição como um todo.

Nessa situação, o subsistema negociação é composto de três etapas essenciais:

1. negociação (obtenção de um acordo satisfatório);
2. contratação (estabelecimento de direitos e obrigações de maneira formal);
3. gestão (implementação dos contratos).

A possibilidade de separação física dos dois subsistemas depende não só da necessária especialização como também de outros fatores, tais como capacidade de gestão, disponibilidade de recursos, economias de escala, concorrência etc. O conceito de separação dos fluxos não significa que eles são independentes, mas que são estruturados separadamente, o que possibilita uma análise mais pormenorizada das funções que exercem e o desenvolvimento de todos os seus componentes.

É sobretudo nesse âmbito da negociação que o controle do canal fica definido. As empresas com maior poder conseguem, através de negociação, expressar na contratação seu controle sobre o canal. Logicamente que sua quota de responsabilidade e risco na operação aumenta. No entanto, esse controle fica aparente quando não se consegue liderar todo o subsistema de intercâmbio físico através do controle efetivo.

Tomemos o exemplo de uma empresa que tem uma excelente equipe de negociadores, que consegue estabelecer um contrato vantajoso. No entanto, o departamento de distribuição debate-se com graves problemas de recursos humanos, a ponto de as operações de distribuição serem geridas por uma empresa contratada, da qual ela depende. Mantendo-se a situação, esse contrato dificilmente será levado a bom termo, com a eficácia desejável.

Esse é o exemplo típico de algumas pequenas empresas comerciais que, ao atuarem em mercados de exportação e negociarem bons contratos, veem a impossibilidade de ter sucesso, pois ficam muitas vezes dependentes de transportadores que detêm grande poder, controlando o canal de distribuição.

Por vezes, a solução desses problemas não é fácil, requerendo investimento em verticalização de funções dentro da empresa, para que ela possa controlar os canais de distribuição, ou grande cuidado em negociações que conduzam à verticalização por contratação.

ESTUDO DE CASO

Nova Pontocom amplia investimentos para as vendas do Natal

Empresa gestora dos e-commerces do Extra, Ponto Frio e Casas Bahia quer evitar apagão logístico ocorrido no fim de 2010 e reforçar setores centro de distribuição, logística e mix de produtos.

Cláudio Martins

A Nova Pontocom, gestora dos e-commerces do Extra, do Ponto Frio e da Casas Bahia, reforça os setores de logística, infraestrutura e mix de produtos para o Natal de 2011. A medida tem o objetivo de evitar o incidente ocorrido no mesmo período em 2010, quando empresas parceiras de distribuição tiveram atrasos na entrega das mercadorias aos consumidores. A unidade de comércio eletrônico do Grupo Pão de Açúcar também aumentou a oferta de produtos em 16% neste ano, incluindo categorias novas como malas, cama mesa e banho, perfumaria e futebol. A companhia passa agora a disponibilizar mais de 60 mil itens.

Na área de logística, foram fechados acordos com 20 transportadoras, especializadas segundo o tipo de carga e área de atuação, para tornar as entregas mais rápidas. Já o setor de armazenagem conta agora com oito centros de distribuição, quatro deles inaugurados no intervalo entre 2010 e 2011. Para tornar o atendimento ao cliente e o pós-venda mais eficazes foram contratados 1.800 colaboradores, o que representa um crescimento de 60% no quadro de funcionários. Com este plano de ação, a Nova Pontocom prevê encerrar o ano de 2011 com crescimento de 20%, de olho na projeção de R$ 2,6 bilhões que o Natal deve movimentar no comércio eletrônico, segundo previsão da e-bit.

Fonte: MARTINS, C. Nova pontocom amplia investimentos para o Natal. *Mundo do Marketing*, nov. 2011. Disponível em: <http://www.mundodomarketing.com.br/ultimas-noticias/22235/nova-pontocom-amplia-investimentos-para-o-natal.html>. Acesso em: set. 2016.

VAMOS TESTAR SEUS CONHECIMENTOS?

1 Logística é um termo utilizado com frequência na linguagem militar. Qual seu significado?

2 Para melhor sistematizar o estudo da logística é usual dividi-la entre logística *inbound* e logística *outbound*. Explique cada um desses conceitos com suas palavras.

3 No Brasil, o sistema logístico orientou-se da costa para o interior visando a importações e atualmente, com o incremento das exportações de *commodities* oriundas do interior, percebem-se as deficiências existentes na infraestrutura logística.* Neste contexto, uma análise dos transportes ganha maior importância devido a quais fatores?

4 Nota-se que no Brasil o transporte rodoviário foi priorizado em detrimento de outros modais, principalmente do ferroviário, e somente no final da década de 1990, com a realização das privatizações, os investimentos foram retomados. No entanto, mesmo com os investimentos realizados até 2011, a modalidade rodoviária ainda é responsável pela movimentação de 52% dos fluxos de carga no país. A que se deve tal fato? Discorra sobre o tema de forma lógico-argumentativa.

5 O subsistema negociação é composto de três etapas essenciais. Quais são essas etapas e suas características principais?

6 "O sistema logístico é constituído por atividades que agregam valor (*value-added activities*), ou seja, atividades pelas quais o consumidor está disposto a pagar." Justifique a afirmativa de forma lógico-argumentativa.

* RAZZOLINI, FILHO, 2012, p. 25.

5

Áreas de mercado

APRESENTAÇÃO

Os três aspectos mais importantes na diferenciação de pontos de venda são: a localização, a localização e a localização, ou seja, da localização depende o sucesso de um ponto de venda. Estudar a localização do varejo implica a análise do mercado espacial, ou seja, onde estão localizados os consumidores de determinado varejo. Para isso são utilizadas abordagens de localização que recentemente têm sido executadas com técnicas baseadas em metodologias de georreferenciamento. A análise dos conceitos básicos que permitem determinar a melhor localização de um ponto de venda se torna fundamental em processos de expansão geográfica de empresas de varejo.

OBJETIVOS

Neste capítulo apresentamos as abordagens teóricas que fundamentam estudos de localização de pontos de venda e as técnicas de georreferenciamento que facilitam a aplicação dessas abordagens.

5.1 CONCEITO DE ÁREAS DE MERCADO

Uma área de mercado, ou zona comercial, é o espaço geográfico onde está a clientela do ponto de venda, ou seja, é a área de influência da loja. Uma boa zona comercial não tem necessariamente mercadoria abundante, mas significa que apresenta muitos clientes com o perfil adequado ao ponto de venda, o que possibilita aos varejistas terem relações privilegiadas com sua clientela-alvo (consumidores).

Para entender as razões do sucesso de um ponto de venda, deve-se analisar o comportamento de compra do consumidor respondendo às questões seguintes:

- Por que consumidores visitam várias lojas e não uma só?
- Como o ponto de venda atrai o consumidor?
- O local de residência influencia o consumidor?
- A localização do ponto de venda afeta o comportamento de compra?

Entre outros aspectos que justificam as razões de sucesso de um ponto de venda, salienta-se a localização, que tem sido considerada o elemento que mais influencia o sucesso de um negócio.

A loja é o elemento estático do negócio que atrai o consumidor. Por sua vez, dadas a racionalidade dos consumidores e as inúmeras opções quanto à escolha do local de compra, o primeiro critério que se utiliza para determinar uma zona comercial é o custo (não exclusivamente financeiro) que eles podem suportar para se deslocarem ao ponto de venda.

137

Em igualdade de circunstâncias, o consumidor procura sempre comprar o que deseja percorrendo a distância mais curta possível (lei do menor esforço); no entanto, o consumidor considera o custo que suporta para se deslocar e por isso optará pelo ponto de venda em que a vontade de se deslocar até lá seja maior do que o custo que deva suportar em relação a ir a outro ponto de venda similar que eventualmente esteja mais próximo.

5.2 FUNDAMENTOS TEÓRICOS DA LOCALIZAÇÃO

Como vimos, um dos fatores críticos do sucesso de um ponto de venda é sua localização. A seleção da localização influenciará a atratividade da loja junto aos consumidores de sua área de influência e, portanto, torna-se fator determinante de seu futuro volume de vendas.

O processo para determinar a localização de pontos de venda é complexo, pois as áreas de mercado são contínuas e probabilísticas e, em regra, essas características se sobrepõem.

Não existe nenhum instrumento que indique a localização ótima, no entanto, o princípio básico, geralmente aceito para enquadrar as decisões sobre localização de varejo, é que: "O consumidor procura sempre comprar o que deseja percorrendo a distância mais curta possível".

Com base nesse princípio e considerando um tecido espacial ideal, pode-se concluir (Figura 5.1) que as lojas A, B e C teriam áreas de influência coincidentes com os círculos, e que as sobreposições seriam zonas de concorrência.

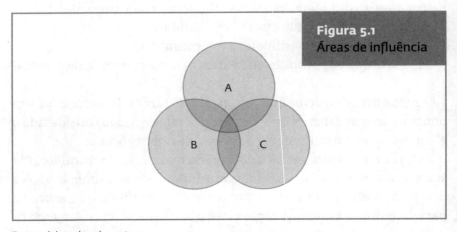

Figura 5.1
Áreas de influência

Fonte: elaborada pelos autores.

Como analisaremos, embora essa linha de raciocínio oriente os estudos sobre localização, são vários os limites à sua utilização, pois:

- o **acesso** às diferentes lojas é variável e o consumidor normalmente opta pelo mais fácil;
- a **atração** de cada ponto de venda é diferente;
- os **consumidores**, considerando-se as diferenças econômicas e sociais, não procuram o mesmo tipo de oferta em todas as lojas semelhantes.

A análise desses quesitos permite identificar os elementos que contextualizam as abordagens teóricas sobre localização, as quais serão desenvolvidas neste capítulo.

- **Acesso:** pode ser medido não somente em distância geográfica mas também em distância-tempo; entre consumidor e loja podem existir obstáculos, como tráfego, dificuldade de mobilidade ou mesmo locais considerados perigosos.
- **Atração:** a atração de um ponto de venda tem a ver com os seguintes aspectos:
  - proposta comercial da loja: sortimento, serviços oferecidos, nível de preços, promoções etc.;
  - dimensão física: uma grande loja ou uma grande zona comercial atrairá mais clientes do que uma loja de pequena dimensão;
  - imagem: a notoriedade do ponto de venda, expressa pela bandeira (Pão de Açúcar, Carrefour etc.), contribui para atrair o consumidor.
- **Consumidores:** a atração dos consumidores por algo varia de acordo seu perfil de compra; os de baixa renda efetuam com maior frequência compras mensais em locais de maior notoriedade, mas utilizam o comércio de proximidade para as compras diárias; os de renda elevada necessitam de estacionamento junto à loja que frequentam mais assiduamente; já as comunidades étnicas tendem a agrupar-se em lojas específicas.

5.2.1 Abordagens da localização do varejo
Para explicar a localização de varejo são utilizadas várias abordagens.

5.2.1.1 *Abordagem econômica*
- Modelos gravitacionais (divisão do mercado em zonas: primária, secundária e limítrofe).
- Modelos de entropia (segmentação em função do tempo de acesso).

5.2.1.2 *Abordagem geográfica estática (modelos espaciais)*
- Captura de estoque de clientes
  - Modelos determinísticos[1] pressupõem que os consumidores são atraídos a uma loja em função da utilidade dela e somente frequentam a loja que mais os atrai.
  - Modelos probabilísticos (modelos de utilidade baseados em comportamentos de compra anteriores): o modelo de Huff[2] e o modelo de Nakanishi e Cooper (*multiplicative competitive interaction model* – MCIM)[3] são construídos de acordo com o comportamento de compra anteriormente verificado e determinam a atração de um ponto de venda pela probabilidade de os consumidores frequentarem esse ponto de venda. Esses modelos não levam em conta a crescente mobilidade do consumidor.
  - Métodos empíricos para determinação da área de mercado – nesse caso, o mercado espacial do ponto de venda pode ser dividido em zonas de atração relacionadas à distância percorrida ou ao tempo de percurso do consumidor até chegar ao ponto de venda.

O estudo da localização de pontos de venda está relacionado à força "empregada" por cada estabelecimento para atrair seus consumidores e ao comportamento destes. São fatores de atração os listados abaixo.

---

1. REILLY, William J. Method for study of retail relationships. *Research monograph* n. 4. Austin: University of Texas Press, 1929 (University of Texas Bulletin n. 2944); CONVERSE, Paul D. New laws of retail gravitation. *Journal of Marketing*, p. 370-384, Jan. 1949.
2. HUFF, David L. Defining and estimating a trade area. *Journal of Marketing*, p. 37, Jul. 1964.
3. NAKANISHI, N.; COOPER, L. Parameter estimate for multiplicative interactive choice model: Least Square approach. *Journal of Marketing Research*, v. 2, p. 303-311, 1974.

- Classificação de mercadorias e de serviços
  - Mercadorias de conveniência (não requerem informação especial).
  - Mercadorias de compra analisada.
  - Mercadorias especiais (grife é decisiva na opção – requer maior mobilidade).
  - Ofertas especiais (fator temporário).

- Princípio do esforço mínimo – relação direta com distância ou tempo
  - Distância pode ser explicada pelas fórmulas gravitacionais, mas... o que é distância para diferentes consumidores? Nem todos os consumidores têm a mesma percepção do tempo.

A mobilidade alterou-se no decorrer do tempo; passamos de um modelo baseado no fordismo (cada um percorre o mesmo caminho em igual tempo) para um modelo pós-fordismo (cada indivíduo movimenta-se de acordo com seu ritmo, não necessariamente no mesmo tempo, mas conforme as oportunidades do momento).

Os consumidores não compram produtos necessariamente perto de casa ou do trabalho, nem durante um período determinado. A escolha da loja é feita de acordo com a oportunidade; compra-se num hipermercado porque está situado no caminho e o consumidor tem tempo disponível naquele momento para isso.

Os novos comportamentos de compra podem ser explicados pela expansão dos subúrbios das cidades.

5.2.2 Modelos explicativos da localização do varejo
Passaremos a analisar alguns modelos explicativos da localização.

5.2.2.1 Modelos gravitacionais
Os modelos gravitacionais são fundamentados na lei do menor esforço e consideram que a área de mercado de um ponto de venda varia conforme a distância que o consumidor tem de percorrer ou ao tempo que ele gasta para chegar ao ponto de venda. Os modelos espaciais de comportamento de compra identificam as áreas de mercado dos pontos de venda e estão fundamentados em dois aspectos:

1. Analogia com a lei da gravitação[4] (modelo de Rilley);
2. Relação entre atração e utilidade.

A área de mercado é dividida em três zonas, de acordo com critérios de deslocamento (caminhada ou com veículo motorizado). A zona primária é considerada a região de onde a loja "retira" 60% a 80% dos seus clientes; na zona secundária esse percentual varia de 12% a 25%. Já os clientes restantes estão dispersos, não têm uma localização definida.

O conhecimento da área de mercado permite uma melhor adaptação do ponto de venda no processo de satisfação das necessidades dos seus clientes.

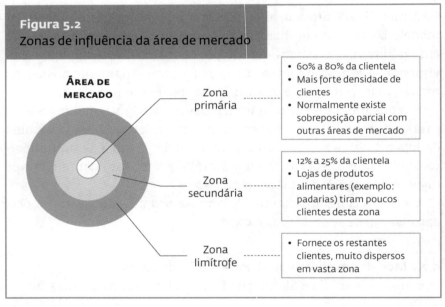

Figura 5.2 Zonas de influência da área de mercado

Fonte: elaborada pelos autores.

As zonas de mercado podem ser determinadas utilizando-se cartões de fidelidade e cartões nominativos de promoções ou questionando-se diretamente clientes. Os clientes são assinalados em mapas e posteriormente enquadrados nas zonas primária, secundária ou limítrofe.

---

4. O modelo desenvolvido por Rilley em 1929 e aperfeiçoado por Converse e Huff baseia-se na lei da gravitação dos corpos celestes, apresentada por Newton no século XVII: "Matéria atrai matéria na razão direta das massas e na razão inversa do quadrado da distância".

5.2.2.2 Modelos de entropia

Para determinar a distribuição de zonas com base no tempo percorrido pelos consumidores até o ponto de venda pode-se utilizar o aplicativo Geomarketing[5]. Com a indicação da localização do ponto de venda, por esse aplicativo é possível delimitar uma área que cubra iguais distâncias a serem percorridas pelos clientes até chegarem ao ponto de venda (zonas isócronas).

No exemplo a seguir é apresentado uma zona isócrona de 10 minutos com referência ao ponto apresentado. Ou seja, todos os consumidores situados dentro da área assinalada demoram 10 minutos caminhando, ou menos, para alcançar o número 2.000 da avenida Paulista, em São Paulo.

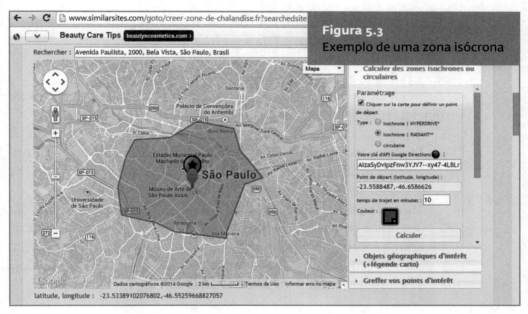

Figura 5.3 Exemplo de uma zona isócrona

Fonte: OWLAPPS, 2012-2015.

Nesse método, as zonas isócronas correspondem à distância coberta num determinado período de tempo seguindo-se pelas principais vias de acesso à loja; a cronometragem deve ser realizada de forma real a partir de veículo com velocidade entre 20 e 30 km/h nas possíveis

---

5. OWLAPPS. *Geomarketing* (aplicativo), 2012-2015. Disponível em: <http://www.owlapps.net/application-geomarketing>. Acesso em: set. 2016.

condições de fluidez de tráfego. É um inconveniente desse método o fato de ser considerado somente o tempo como fator de decisão do consumidor.

Observações anteriores permitem concluir que o raio máximo de atração de um ponto de venda é de cerca de:

- 300 m para um pequeno supermercado (< 120 m²) – produtos alimentares;
- 500 m para uma papelaria (120 a 400 m²);
- 750 m a 1 km (5 a 8 min) para um supermercado médio (1.500 m²);
- 15 a 20 min para um hipermercado (2.500 m²);
- 20 a 30 min para um centro comercial local.

Essa técnica é mais útil para indicar uma configuração aproximada da área comercial de uma loja a ser implantada.

5.2.2.3 Modelos de abordagem geográfica

Os modelos espaciais de captura de clientes podem ser classificados em dois tipos, como segue.

- **Modelos determinísticos:** atribuídos a Reilly e Converse, pressupõem que os consumidores são atraídos a uma loja em função da utilidade dela e somente frequentam a loja que mais os atrai.
- **Modelos probabilísticos:** atribuídos a Huff e a Nakanishi e Cooper (*multiplicative competitive interaction model* – MCI), são construídos de acordo com o comportamento de compra dos consumidores previamente verificado; isto é, os consumidores são atraídos a uma loja de acordo com a probabilidade de eles a frequentarem.

Reilly, reconhecendo que consumidores compensam a distância do deslocamento com a atração do ponto de venda ao optarem por ele e considerando que quando duas zonas comerciais em competição têm igual condição de acesso ao consumidor os comerciantes locados nesses dois centros são igualmente eficazes, estabeleceu **a lei da gravitação do comércio varejista**, ou **lei de Reilly**, com o enunciado:[6] "Duas

---

6. DAVIES, R. L. *Marketing geography*: with special reference to retail. Cambridge: Retail and Planning Associates, 1976. p. 32.

cidades atraem negócios [compras] de uma vila intermediária situada próxima aos limites de suas áreas de influência em proporção direta das populações nas cidades e inversa dos quadrados das distâncias das cidades à vila intermediária".

A fórmula da lei de Reilly é a seguinte:

$$\frac{Va}{Vb} = \left(\frac{Pa}{Pb}\right) \times \left(\frac{Db}{Da}\right)^n$$

Em que:
- Va e Vb = quantidades de vendas no varejo que A atraiu da localidade X;
- Pa e Pb = populações totais de A e B;
- Da e Db = distâncias da localidade X ao centro de A e ao centro de B;
- "n" = expoente médio proposto por Reilly entre 1,5 e 2,5.

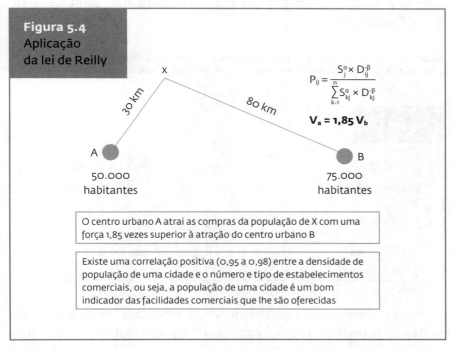

Figura 5.4 Aplicação da lei de Reilly

Fonte: elaborada pelos autores.

A lei de Reilly foi modificada por Converse para calcular o ponto de separação (*breaking point*) entre as zonas de dois centros urbanos com meios de transporte garantidos. A questão é saber se é possível predizer a proporção de comércio de uma cidade (centro comercial) que seria perdida ou retida em situação de concorrência com outra cidade (centro comercial).

A fórmula que traduz o modelo de Converse é:

$$Da = \frac{Dab}{1 + \sqrt[*]{\frac{Pb}{Pa}}}$$

Em que:
- * = Valor da inércia – distância retida;
- Dab = Distância entre A e B pela estrada principal (principal percurso);
- Pa e Pb = Populações totais de A e B;
- Da = Distância medida a partir de A, marcando o limite de influência de A.

Nota: o fator de inércia-distância * é função do nível de concorrência entre os centros: 3 entre uma pequena cidade e uma grande; 1,5 entre duas cidades pequenas; 2, valor intermediário.

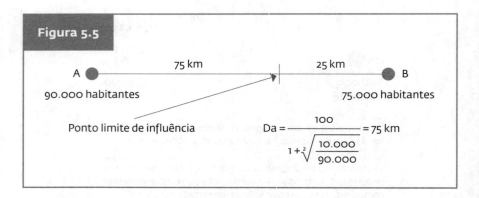

Figura 5.5

Posteriormente, Converse substituiu a variável "população" pela variável "superfície da zona comercial" e a variável "distância" pela variável "tempo de trajeto".

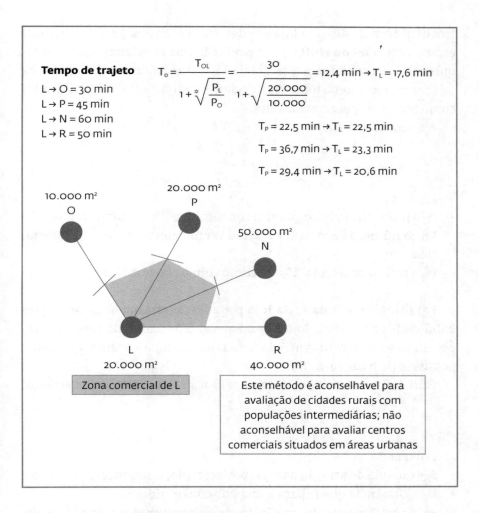

Crítica aos modelos determinísticos

Nos modelos determinísticos, a principal limitação ao comportamento espacial do consumidor é explicada unicamente pela proximidade espacial. Na realidade, o consumidor não opta necessariamente pela loja mais próxima, existindo uma zona de indiferença espacial na qual o custo marginal para alcançar outra loja é mínimo.

Podemos concluir, pela aplicação desses modelos, que as idas às compras não dependem somente das distâncias absolutas, mas também das distâncias relativas e de outros aspectos.

Partindo do princípio de que os consumidores escolhem as possibilidades de compra com base na avaliação da "utilidade oferecida" por cada loja, e não apenas pela localização delas, uma vez que podem frequentar mais de uma loja em determinada zona geográfica, Huff estabeleceu a **lei de Huff** ou das **preferências reveladas**, que postula que a probabilidade de ir a certa loja é igual ao valor de utilidade dessa loja reportado à soma total das utilidades das outras lojas consideradas como possíveis pelo consumidor.[7]

A fórmula que traduz a lei de Huff é:

$$P_{ij} = \frac{U_{ij}}{\sum_{k=1}^{n} U_{ik}}$$

Em que:
- P_{ij} = probabilidade de que um consumidor "i" frequente a loja "j" e "n" o número de lojas consideradas em determinada zona geográfica.
- U_{ij} = utilidade da loja "i" de acordo com o consumidor "j".

Para Huff, a **utilidade da loja** pode ser determinada assim: a probabilidade de ir a certa loja é igual ao valor de utilidade dessa loja reportado à soma total das utilidades das outras lojas consideradas como possíveis pelo consumidor.

Huff definiu a utilidade da loja em função da sua distância e atração:

$$U_{ij} = S_j^{\alpha} \times D_{ij}^{-\beta}$$

Em que:
- S_j = medida de atração da loja (por exemplo: a superfície de venda);
- D_{ij} = Distância que separa a loja j do consumidor i;
- α e β = parâmetros de sensibilidade do consumidor à atração e distância (sendo β negativo, a utilidade diminui à medida que a distância aumenta).

Ou seja: a atração exercida sobre o consumidor da área (i) por um centro varejista situado no lugar (j) é diretamente proporcional ao tamanho do centro comercial e inversamente proporcional à distância do consumidor ao varejista.

---

7. PARENTE, J. *Varejo no Brasil*: gestão e estratégia. São Paulo: Atlas, 2000. p. 349.

A fórmula final do modelo de Huff é:

$$P_{ij} = \frac{S_j^\alpha \times D_{ij}^{-\beta}}{\sum_{k=1}^{n} S_{kj}^\alpha \times D_{kj}^\beta}$$

Calibragem do modelo de Huff

Para calibrar os parâmetros α e β utiliza-se a seguinte metodologia.

1. Divide-se a zona geográfica em subzonas em função de tráfego, variáveis socioeconômicas e densidade de residência.
2. Interrogam-se aleatoriamente donas de casa sobre o número de visitas às lojas.
3. Observam-se e medem-se as distâncias – tempo e superfícies das lojas.

Exemplo de aplicação da lei de Huff

A área (i) tem dois centros comerciais – um (A) com área 10 mil m² e outro (B) com área de 5 mil m². Se α = 1 e β = 2, a probabilidade P_{jA} de o consumidor (j), que vive a 2 km do centro (A) e a probabilidade P_{jB} de o consumidor (J), que vive a 1 km do centro (B), comprar em cada um deles será, pela lei de Huff:

$$P_{ij} = \frac{U_{ij}}{\sum_{k=1}^{n} U_{ik}}$$

Sendo:

$$U_{ij} = S_j^\alpha \times D_{ij}^{-\beta} \rightarrow U_{ij} = \frac{S_j^\alpha}{D_{ij}^\beta}$$

Então: P_{jA} = 0,33 e P_{jB} = 0,67

Para operacionalizar o modelo de Huff são aplicadas as premissas a seguir.

- O montante de consumidores que realizam compras em uma área de comércio específica varia de acordo com a distância a que estão dessa área.

- O montante de consumidores que realizam compras em diversas áreas de comércio varia de acordo com a amplitude e profundidade da linha de produtos oferecida por cada área comercial (sortimento).
- A distância que os consumidores percorrem até cada área comercial varia de acordo com as diferentes categorias de produtos adquiridos.
- A força de atração de qualquer área comercial é influenciada pela proximidade de áreas comerciais concorrentes.

O modelo de Huff foi desenvolvido por vários autores, que nele introduziram variáveis suplementares de utilidade: imagem da loja, *design*, horários de funcionamento, condições de transporte etc. Nakanishi e Cooper criaram o modelo MCI, que, tratando de muitas variáveis, calibra os parâmetros (β) por meio de processos menos sofisticados (técnica de regressão).

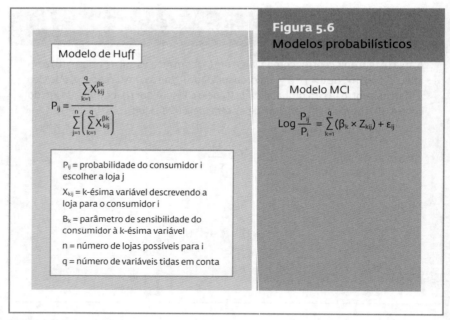

Figura 5.6
Modelos probabilísticos

Fonte: elaborada pelos autores.

Por transformação logarítmica, o modelo multiplicativo exponencial transforma-se em linear:

$$\text{Log}\frac{P_{ij}}{\hat{P}_i} = \sum_{k=1}^{q}(\beta_k \times Z_{kij}) + \varepsilon_{ij}$$

Em que:

$$\hat{P} = \sum_{j=1}^{n} P_{ij}^{1/n}$$

é a média geométrica das probabilidades P_{ij} e

$$Z_{kij} = \text{Log} \frac{X_{kij}}{X_{ki}}$$

Sendo X_{ki} a média geométrica da k–ésima variável X_{kij}.

Ao aplicar a técnica de regressão múltipla, pode-se avaliar os parâmetros β_k de sensibilidade do consumidor à k-ésima variável.

Quadro 5.1 Exemplo das variáveis do modelo Nakanishi e Cooper

Shopping centers	Supermercados	Agências bancárias	Lojas de móveis
• Número de carros do consumidor • Tempo entre casa e loja • Tempo total de trânsito • Custo da viagem por cada R$ 1.000 gastos • Número de lojas similares • Lojas com produtos alimentares, higiene e limpeza e roupas • Outros tipos de loja • Lojas para consumidores de baixa renda • Shopping centers planejados	• Imagem da loja (qualidade de produtos, atendimento etc.) • Características da loja (superfície de venda, número de caixas de saída etc.) • Aparência (interna e exterior) • Acessibilidade (localização) • Serviços oferecidos (aceitação de cheque, produtos gourmet etc.)	• Localização • Drive-in (ATM) • Localização ATM (interior ou exterior) • Novidade • Nome do banco	• Qualidade do produto • Preço médio de venda • Ofertas promocionais • Serviços oferecidos • Acessibilidade • Disponibilidade dos produtos • Reputação • Largura do sortimento • Decoração interior • Facilidades de crédito • Características dos vendedores

Fonte: elaborado pelos autores.

Exercício – Atratividade de uma loja

A empresa Lojas Jota, que atua no varejo de eletroeletrônicos e eletrodomésticos, pretende expandir sua atividade no interior do estado de São Paulo, pois a região está em franco crescimento demográfico e apresenta um grande potencial de desenvolvimento econômico.

As Lojas Jota têm a oportunidade de adquirir a rede Sempre Jovem, com três lojas e mesma área de atuação. As lojas operadas pela Sempre Jovem têm as seguintes características:

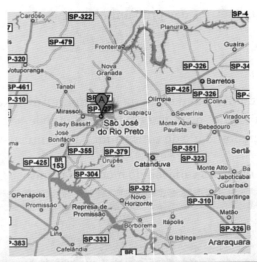

Cidade	Área da loja	População	Distância a São José do Rio Preto
Olímpia	500 m²	50.000	60 km – 45 min
Lins	3.000 m²	75.000	125 km – 90 min
Catanduva	2.000 m²	115.000	60 km – 30 min

Embora sua marca seja bem conhecida nos estados do Nordeste, as Lojas Jota ainda não são divulgadas no Sudeste. Assim, para programar uma campanha agressiva de divulgação de suas novas lojas, a empresa necessita saber qual a área de mercado de cada uma.

Com a nova aquisição, a empresa prevê atrair bastante clientela da maior cidade da região, São José do Rio Preto (420.000 habitantes).

Questões para discussão
1. Aplicando a lei de Reilly determine a relação entre a atratividade que Lins e Catanduva exercem sobre os consumidores de São José do Rio Preto.
2. Utilizando a hipótese de Converse, determine se os consumidores da cidade de Novo Horizonte (137 km, ou 90 min) de Lins e (52 km, ou 50 min) de Catanduva serão mais atraídos pela loja de Lins ou pela de Catanduva.
3. Aplicando a lei de Huff, qual a fatia de mercado que suas lojas captarão de São José do Rio Preto?

Métodos empíricos de determinação das áreas de mercado
Para determinar empiricamente uma área de mercado, analisaremos várias metodologias:

a) métodos que visam estabelecer a área de mercado de uma loja apoiando-se na **localização geográfica** da sua clientela habitual;
b) métodos que definem zonas de atração de grandes complexos comerciais (por exemplo, centros comerciais) por meio de **inquéritos** junto a observadores privilegiados;
c) métodos baseados na **microanálise dos comportamentos** de consumo das famílias – tratam da atração urbana.

a) Métodos baseados na localização geográfica da clientela habitual de uma loja

Os métodos baseados na identificação da clientela de uma loja são úteis para um controle *a posteriori* da área de mercado dela e podem ser operacionalizados das formas descritas a seguir.

i. Para lojas especializadas: não alimentares – as contas cliente e as fichas de venda ou notas de entrega; alimentares – cartões de fidelidade e cartões nominativos de participação em promoções. No entanto, esse sistema apresenta inconvenientes, pois não possibilita uma amostra com grande representatividade, visto que as contas cliente excluem pagamentos com dinheiro, as notas de entrega excluem os clientes que levam a mercadoria e os cartões de concurso excluem os que se recusam a jogar. Por outro lado, as informações recebidas referem-se somente aos endereços.
ii. Realização de pesquisas na porta das lojas para obter informações sobre características socioprofissionais, hábitos de compra, horários de frequência, motivos de satisfação do consumidor. Nesse caso, deve-se selecionar dias e horas da pesquisa em função do volume de negócios; o período deve abranger uma semana (em algumas situações pode limitar-se a segunda, sexta e sábado) e ser o mais normal possível, com poucas promoções, fora de épocas festivas ou de férias. Devem ser interrogados entre 600 a 1.000 clientes selecionados aleatoriamente, e os pesquisadores devem receber orientações precisas, como, por exemplo, interrogar o n-ésimo cliente que passe em uma caixa de saída.

O MAIS IMPORTANTE FATOR DE COMPETITIVIDADE DE UMA LOJA É A LOCALIZAÇÃO. O SEGUNDO É A LOCALIZAÇÃO E O TERCEIRO É A LOCALIZAÇÃO. A IMPORTÂNCIA DO LOCAL PARA IMPLANTAR UM PONTO DE VENDA É UM FATOR CRÍTICO PARA O SUCESSO DO EMPREENDIMENTO, POR ISSO A ESCOLHA DEVE OBEDECER CRITÉRIOS TÉCNICOS
E NÃO ACONTECER POR QUESTÕES EMOTIVAS.

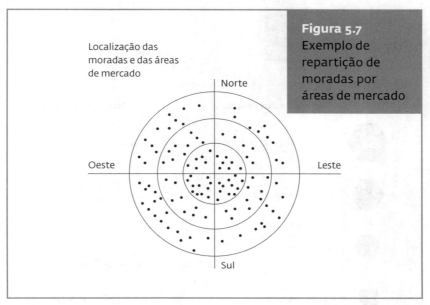

Fonte: elaborada pelos autores.

Tabela 5.1 Exemplo de repartição por zonas

Zona	Número de endereços	Poder de atração	Classificação da zona
0 – 500 m	225	45%	Primária
500 – 1.000 m	175	35%	Primária
– 1.500 m	75	15%	Secundária
> 1.000 m	25	5%	Limítrofe
	500	100%	

Fonte: elaborada pelos autores.

Para analisar as regiões de influência das cidades pode-se consultar dados disponibilizados no portal do IBGE.[8]

Pode-se obter informação sobre a região de influência e verificar o percurso médio que os consumidores fazem para se deslocarem até aos locais de compra, por estado brasileiro, consultando a publicação do IBGE *Regiões de influência das cidades* (2007):

---

8. INSTITUTO BRASILEIRO DE GEOGRAFIA E ESTATÍSTICA (IBGE). Regiões de Influência das cidades, 2007. IBGE, Coordenação de Geografia, Rio de Janeiro, 2008. Disponível em: <http://biblioteca.ibge.gov.br/visualizacao/livros/iv40677.pdf>. Acesso em: set. 2016.

Figura 5.8
Regiões de influência

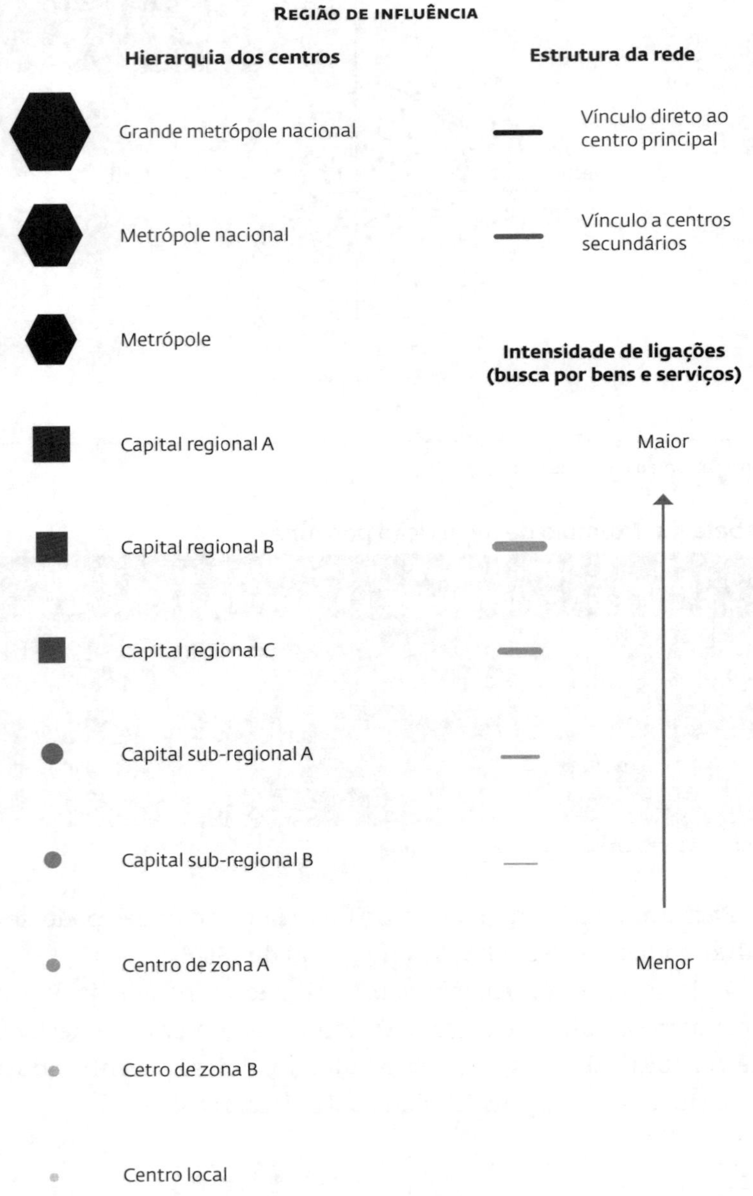

REGIÃO DE INFLUÊNCIA

Hierarquia dos centros

- Grande metrópole nacional
- Metrópole nacional
- Metrópole
- Capital regional A
- Capital regional B
- Capital regional C
- Capital sub-regional A
- Capital sub-regional B
- Centro de zona A
- Cetro de zona B
- Centro local

Estrutura da rede

— Vínculo direto ao centro principal
— Vínculo a centros secundários

Intensidade de ligações
(busca por bens e serviços)

Maior ↑ Menor

Fonte: IBGE, 2008, p. 85.

Figura 5.9
Regiões de influência – São Paulo

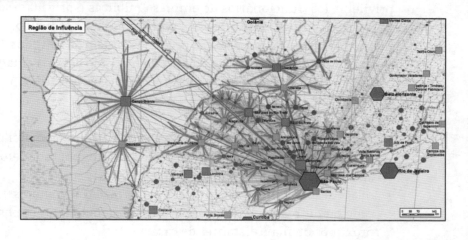

Fonte: IBGE, 2008, p. 86.

Figura 5.10
Deslocamento para compras

Média de deslocamento
1ª opção - 48 km
2ª opção - 79 km
3ª opção - 94 km
4ª opção - 121 km

Média por região - 1ª opção
Norte - 102 km
Sudeste - 38 km

Exceções
Norte Minas - Montes Claros - 1ª opção 110 km
Macapá - centro único de Amapá

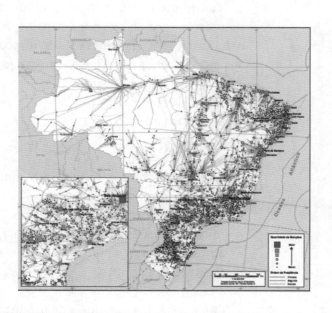

Fonte: IBGE, 2008, p. 165.

Capítulo 5 • Áreas de mercado

b) Método baseado em observadores privilegiados

O objetivo dessa metodologia é descobrir o nível de atração que as áreas de mercado de uma cidade exercem nas comunidades rurais circundantes. Para isso, recolhem-se informações de observadores privilegiados (funcionários de empresa públicas e privadas) sobre hábitos de compra. Esse processo, embora de custo reduzido, é demorado e as taxas de resposta são pequenas (ordem de 20%); justifica seu uso a análise da evolução da área de mercado de uma cidade.

Aplica-se um questionário para recolher os seguintes tipos de informação de cada localidade:

- quais os meios de comunicação e o equipamento comercial do local em análise – número de estabelecimentos por cada setor de atividade (padaria, açougue, mercearia etc.);
- relações de compra dos habitantes – onde fazem as compras (mercado ou outros tipos de estabelecimento comercial, em pontos próximos ou mais distantes de casa etc.);
- Percentagem das vendas que a cidade realiza a clientes de outras localidades.

São referidas três categorias de produtos: alimentares, não alimentares e serviços (vestidos, sapatos, eletrônicos, eletrodomésticos) e indicadas três possibilidades de resposta que relacionam as visitas ao ponto de venda com visita a um varejo situado em outra localidade:

- muitas vezes;
- algumas vezes;
- raramente.

Atribui-se a cada resposta uma pontuação:

- sempre = 7 pontos;
- muitas vezes = 5 pontos;
- algumas vezes = 3 pontos;
- raramente = 1 ponto.

Calcula-se, por categoria de produto, a dependência de uma localidade face a outra através da porcentagem de atração obtida.

> **Exemplo**
>
> Se a localidade X face à cidade A mais próxima declara (média) comprar "algumas vezes" sapatos em uma loja da cidade A, a atração de X sobre A é
>
> $$\frac{3}{5+3+1} = 33\%$$
>
> É possível representar cartograficamente a atração de A por um produto assinalando os resultados obtidos para todas as localidades vizinhas. Ao somar todos os pontos para o conjunto de bens e serviços comprados em A, obtém-se um coeficiente de atração geral.

Aplicando essa metodologia pode-se determinar a atração que um centro comercial (ou um hipermercado) exerce sobre as comunidades rurais circundantes, relacionando a intensidade de deslocamento para compras com a frequência (quantidade de habitantes atraídos):

Frequência \ Intensidade	Diária	2 vezes por semana	Uma vez por semana	Menos vezes
Muitos				
Alguns				
Nenhum				

Frequência \ Intensidade	7 pontos	5 pontos	3 pontos	1 ponto
Coeficiente 3	21 pts = 100%	15 pts = 75%	9 pts = 45%	3 pts = 15%
Coeficiente 1	7 pts = 35%	5 pts = 25%	3 pts = 15%	1 pt = 5%
Coeficiente 0	–	–	–	–

Isto é:
- se muitos habitantes de uma região rural vão todos os dias ao hipermercado de uma cidade, a atração dessa loja é de cerca de 100%;
- para que a atração seja de 15% é necessário alguns habitantes irem ao hipermercado uma vez por semana ou que muitos o façam menos de uma vez por semana.

c) Método baseado na microanálise dos comportamentos

Também chamado de método dos coeficientes orçamentais, baseia-se em uma amostra representativa da população (por idade, sexo, profissão etc.) para avaliar despesas por categoria de consumo (produto), em porcentagem por localidade (o total das despesas por categoria deverá ser 100%). Na sequência, tratam-se os dados para obter coeficientes orçamentais por residência e por produto, referentes às compras estudadas em diversas localidades.

Elementos de avaliação do potencial econômico da zona comercial da loja

Componente demográfica
- Número de potenciais clientes residentes na zona.

Componente econômica
- Despesas de consumo por indivíduo.

Potencial econômico da zona comercial é o produto dos dois elementos acima.

O valor indicado representa o **máximo do potencial** (situação de monopólio) que será necessário corrigir para determinar o valor previsível de negócios na loja em análise.

Para analisar a componente demográfica podem ser utilizados os dados do IBGE.* Por exemplo, é possível verificar a distribuição de mulheres de 65 a 79 anos no estado de São Paulo:

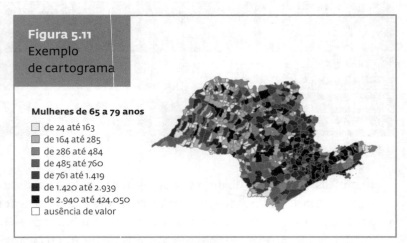

Figura 5.11
Exemplo de cartograma

Mulheres de 65 a 79 anos
- de 24 até 163
- de 164 até 285
- de 286 até 484
- de 485 até 760
- de 761 até 1.419
- de 1.420 até 2.939
- de 2.940 até 424.050
- ausência de valor

Fonte: IBGE. Web Cart beta. Censo Demográfico 2010. Disponível em: <http://www.ibge.gov.br/webcart/>. Acesso em: set. 2016.

▶ Seguidamente pode-se analisar a relação entre a riqueza do município (PIB) com a densidade demográfica no site IBGE cidades:**

Quadro 5.2 Relação entre PIB (município) e a densidade demográfica

Municípios	Código	Gentílico	População	Área da unidade teritorial (km²)	Densidade demográfica (hab/km²)	PIB e preços correntes
Adamantina	3500105	adamantinense	33.797	411,39	82,2	598.647
Adolfo	3500204	adolfino	3.557	211,08	16,9	109.170
Aguaí	3500303	aguaiano	32.148	474,74	67,7	693.756
Águas da Prata	3500402	pratense	7.584	142,96	53,1	122.859
Águas de Lindoia	3500501	lindoiense	17.266	60,13	287,2	230.440
Águas de Santa Bárbara	3500550	santa-barbarense	5.601	404,94	13,8	140.323
Águas de São Pedro	3500600	água-pedrense	2.707	5,54	488,9	63.823
Agudos	3500709	agudense	34.524	966,16	35,7	1.113.865
Alambari	3500758	alambariense	4.884	159,27	30,7	103.011
Alfredo Marcondes	3500808	marcondense	3.891	118,40	32,9	53.364
Altair	3500907	altairense	3.815	313,66	12,2	169.554
Altinópolis	3501004	altinopolense	15.607	928,96	16,8	338.942
Alto Alegre	3501103	alto-alegrense	4.102	319,04	12,9	75.726
Alumínio	3501152	aluminense	16.839	83,66	201,3	1.478.368

Fonte: IBGE. Cidades, São Paulo-SP, 2010. Disponível em: <http://www.cidades.ibge.gov.br/download/mapa_e_municipios.php?lang=&uf=sp>. Acesso em: set. 2016.

No site IBGE Cidades é possível ainda coletar dados referentes ao número de pessoas residentes no município, número de agregados familiares, número de pessoas ativas por categoria profissional, composição das famílias (número e idades de filhos), idade dos casais e tipo, idade da habitação ocupada e grau de endividamento (relativo à propriedade).

O volume potencial de negócios da zona poderá ser obtido considerando-se os rendimentos globais ou os gastos das famílias, conforme a página de Pesquisa de Orçamentos Familiares – POF (2008-2009).***

---

* IBGE. Web Cart beta: Censo Demográfico 2010. Disponível em: <http://www.ibge.gov.br/webcart/>. Acesso em: set. 2016.
** IBGE. Cidades. Disponível em: <http://www.cidades.ibge.gov.br/xtras/home.php>. Acesso em: set. 2016.
*** IBGE. Pesquisa de Orçamentos Familiares – POF (2008-2009). Disponível em: <http://www.ibge.gov.br/home/estatistica/populacao/condicaodevida/pof/2002_2003perfil/pof2002_2003perfil.pdf>. Acesso em: set. 2016.

Outros fatores que afetam o tamanho da área de mercado:

- tamanho da loja;
- linha de produtos;
- concorrência;
- densidade populacional;
- esforço promocional;
- amplitude do sortimento;
- tempo de viagem;
- serviço oferecido;
- ambiente.

Escolha da localização comercial
São várias as metodologias de escolha de localização de uma loja. Entre as mais utilizadas estão:

- método da lista de controle;
- critério de analogia.

O **método de Applebaum ou da lista de controle** tem a vantagem da simplicidade do processo e baseia-se na experiência ou no conhecimento prévio sobre as relações existentes entre as vendas reais de uma loja e as características do mercado, dos consumidores e do ponto de venda e uma lista de diferentes fatores que se pressupõe terem efeito sobre as vendas. Por outro lado, deve-se atentar a outros fatores, como o fato de uma loja de vestuário feminino incentivar a circulação de pessoas ou de uma loja de materiais de construção necessitar de grande estacionamento.

A opção por uma lista de controle é obtida pelo *trade-off* entre as variáveis pertinentes ao negócio em análise. Um exemplo de uma lista de controle é o seguinte:

Critérios de avaliação	Peso	Localidade A Nota	Localidade A Desempenho	Localidade B Nota	Localidade B Desempenho
População	5	8	40	6	30
Concorrência	4	10	40	6	24
Tráfego pedestre	5	6	30	10	50

Critérios de avaliação	Peso	Localidade A Nota	Localidade A Desempenho	Localidade B Nota	Localidade B Desempenho
Tráfego automóvel	1	8	8	8	8
Estacionamento	3	2	6	8	24
Acesso	5	6	30	8	40
Condições de instalação	3	4	12	8	24
Natureza do local	5	9	45	6	30
Meio circundante	4	10	40	6	60
Total	35		7,17		8,28

Peso = 1 (pouco importante) a 5 (muito importante)
Nota = 1 a 10

Para determinar os critérios de avaliação, poderão ser considerados os seguintes fatores:

Quadro 5.3 Fatores condicionantes da lista de verificação

População
- Número total
- Idade média
- Nível de instrução
- % de proprietários de imóvel
- Rendimento total disponível
- Rendimento *per capita*
- Categoria socioprofissional
- Tendências

Tráfego – automóvel
- Número de veículos/hora
- Tipos de veículos
- Fluidez do tráfego

Condições de instalação
- Proprietário do imóvel
- Locatário
- Custos de manutenção
- Contrato de arrendamento
- IPTU

Concorrência
- Número de dimensão dos concorrentes
- Avaliação dos seus pontos fortes e fracos
- Previsão de curto e longo prazo
- Nível de saturação

Estacionamento
- Número de vagas
- Acesso às vagas (subsolo)
- Preço
- Distância da loja

Natureza do local
- Visibilidade
- Tamanho e forma do local
- Tamanho e forma do imóvel
- Idade do imóvel

Tráfego – pedestre	Acesso	Meio circundante
• Número de pessoas/hora • Tipos de pessoa	• Facilidade de entrega • Facilidade de acesso • Transportes em comum	• Tipos de loja • Nível de qualidade • Complementaridade

Fonte: elaborado pelos autores.

O método de **analogia** aplica-se às empresas que já exploram lojas do mesmo tipo que se pretende implantar (caso das cadeias que definem uma loja-padrão: sortimento, tamanho, merchandising) e desejam definir o local de um novo ponto de venda.

Uma vez que se conhece as áreas de influência e o poder de atração das lojas existentes, pode-se escolher o novo local de maneira a otimizar a penetração no mercado.

Essa metodologia tem alguns inconvenientes, pois ignora as diferenças entre a nova loja e as que já existem (concorrência, composição sociodemográfica da região) e pressupõe que a mesma causa (existência da loja) produzirá o mesmo efeito (atração da clientela), o que só existe em caso de correspondência estreita entre as duas situações. Tendo em conta o baixo custo de sua execução, porém, o método é interessante.

ESTUDO DE CASO

Atratividade de regiões urbanas

Considere a cidade de Caruaru, em Pernambuco, com 289.086 habitantes e povoações rurais limítrofes totalizando 123.721 habitantes, repartidas pelos municípios de Agrestina, Altinho, Camocim de São Félix, Barra de Guabiraba, São Joaquim do Monte e Toritama. Com base no método de Piatier adaptado e no resultado dos inquéritos executados e a seguir indicados, estabeleça os níveis de atratividade de cada povoação relativamente à cidade de Caruaru.

Zonas Rurais	População	Agregados familiares°	Todos os dias	%	2 vezes por semana	%	1 vez por semana	%	Menor periodicidade	%
Agrestina	21.456	50	5	10%	5	10%	30	60%	10	20%
Altinho	21.728	17	-	-	3	12%	10	59%	5	29%
Camocim de S. Félix	15.831	8	-	-	-	-	-	-	8	100%
Barra de Guabiraba	13.900	9	-	-	-	-	3	33%	6	67%
S. Joaquim do Monte	20.896	5	-	-	-	-	1	20%	4	80%
Toritama	29.900	13	2	15%	4	31%	5	38%	2	15%

Frequência de compras em Caruaru

° Agregados familiares que responderam ao questionário.

	Todos os dias	2 vezes por semana	1 vez por semana	Menor periodicidade	Total (pontos máximos 30) / Percentagem
Agrestina					
Altinho					
Camocim de S. Félix					

Capítulo 5 • Áreas de mercado

165

	Todos os dias	2 vezes por semana	1 vez por semana	Menor periodicidade	Total (pontos máximos 30) / Percentagem
Barra de Guabiraba					
S. Joaquim do Monte					
Toritama					

Nota: O máximo de pontos (30) é obtido pelo somatório de 21 pontos (1ª coluna e 1ª linha) com 5 + 3 + 1 pontos das 2ª, 3ª e 4ª colunas da 2ª linha.

Intensidade / Frequência	Diária 7 pontos	2 vezes por semana 5 pontos	Uma vez por semana 3 pontos	Menos vezes 1 ponto
Grande (≥ 50%) Coeficiente 3	21 pontos = 100%*	15 pontos = 75%*	9 pontos = 45%*	3 pontos = 15%*
Alguma (< 50% - ≥ 15%) Coeficiente 1	7 pontos = 35%*	5 pontos = 25%*	3 pontos = 15%*	1 ponto = 5%*
Nenhuma (<15%) Coeficiente 0	-	-	-	-

* Piatier pressupõe que quando mais que 50% dos agregados familiares frequentam uma zona urbana mais do que três vezes por semana, essa zona tem atratividade de 100% sobre as zonas rurais. As porcentagens indicadas são aproximadas (15 pontos correspondem a aproximadamente 75% do máximo de 21 pontos).

Resolução:

	Todos os dias	2 vezes por semana	1 vez por semana	Menor periodicidade	Total (pontos máximos 30) / Percentagem
Agrestina		5% – 17% (10% + 10%)	9% – 30% (60% 1 vez)	1% – 3% (20%)	15% – 50%
Altinho			9% – 30% (12% + 59%)	1% – 3% (29%)	10% – 33%
Camocim de S. Félix				3% – 10% (100%)	3% – 10%
Barra de Guabiraba			3% – 10% (33%)	3% – 10% (67%)	6% – 20%
S. Joaquim do Monte			3% – 10% (33%)	3% – 10% (67%)	6% – 20%
Toritama	7% – 23% (15%)	5% – 17% (31%)	3% – 10% (38%)	3% – 10% (15%)	18% – 60%

VAMOS TESTAR SEUS CONHECIMENTOS?

1 Uma área de mercado, ou zona comercial, é o espaço geográfico onde está a clientela do ponto de venda, ou seja, é a área de influência dele. Uma boa zona comercial não terá necessariamente mercadoria abundante, mas significa que terá muitos clientes com o perfil adequado ao ponto de venda, o que possibilita aos varejistas terem relações privilegiadas com sua clientela-alvo (consumidores). Para entender as razões do sucesso de um ponto de venda, quais aspectos devem ser analisados?

2 O processo para determinar a localização de pontos de venda é complexo ou simples? Justifique sua resposta de forma lógico-argumentativa.

3 Para explicar a localização de varejo são utilizadas várias abordagens. Explique duas delas.

4 A área de mercado geralmente é dividida em três zonas, de acordo com critérios de deslocamento. Explique cada uma dessas zonas destacando suas vantagens.

5 Para determinar a distribuição de zonas com base no tempo percorrido pelos consumidores até ao ponto de venda, que tipo de recursos podemos utilizar?

6 Os modelos espaciais de captura de clientes podem ser de dois tipos. Os modelos determinísticos, atribuídos a Reilly e Converse, pressupõem que os consumidores são atraídos a uma loja em função da utilidade dela e que somente frequentam a loja que mais os atrai. Qual é o outro modelo?

6

Técnicas de exposição de produtos

APRESENTAÇÃO

O surgimento e a expansão do livre serviço têm levado as empresas a substituírem vendedores tradicionais por técnicas (vendedores ocultos) que permitam "escoar" os produtos dos expositores dos pontos de venda. O elevado custo de locação de lojas tem deslocado os estoques de reserva dos armazéns de apoio ao ponto de venda para os fabricantes, pois o varejo precisa aproveitar o maior espaço possível para expor produtos. Conhecer as técnicas de exposição e os critérios de arrumação dos produtos nas gôndolas possibilita aumentar o giro dos produtos, beneficiando produtores e varejistas.

OBJETIVOS

Neste capítulo você conhecerá as técnicas de arrumação de produtos nos móveis (expositores ou gôndolas) em pontos de livre serviço e aprenderá a aplicar técnicas que visam otimizar o giro de produtos nos pontos de venda.

6.1 O MERCHANDISING E O MARKETING

Merchandising consiste num conjunto de técnicas de venda cujas orientações principais são a apresentação, a rotação e o benefício dos produtos.

Esse conceito compreende o conjunto de ações que visam à maior valorização possível do produto, quer na ótica do distribuidor ou do consumidor. Para isso, um produto comercializado em livre serviço deve ter a colaboração de um "vendedor silencioso", que atua no momento de definição da compra pelo consumidor. É a ação dele que se designa **merchandising**.

Segundo a Academia Francesa de Ciências Comerciais,[1] a definição de merchandising é a seguinte:

> O Merchandising é uma parte do Marketing que engloba as técnicas comerciais que permitem apresentar ao possível comprador o produto/serviço nas melhores condições materiais e psicológicas. O Merchandising tende a substituir a apresentação passiva do produto por uma apresentação ativa, apelando a tudo o que pode fazê-lo mais atrativo: Colocação, Funcionamento, Embalagem e Apresentação, Exposição, Instalação etc.

---

1. ACADEMIA FRANCESA DE CIÊNCIAS COMERCIAIS (Académie de Sciences Commerciales) *Dictionaire Commercial*). Disponível em: <http://www.dictionnaire-commercial.com/>. Acesso em: 10 out. 2016.

Diremos, em conclusão, que o merchandising é o marketing do ponto de venda que utiliza técnicas que foram sendo desenvolvidas com o aparecimento e proliferação de supermercados e outras superfícies de venda em regime de livre serviço.

Quadro 6.1 Marketing × merchandising

Marketing		Merchandising
Mercado ◄ ► ação exterior ao ponto de venda	←→	Merchandising ◄ ► ações no interior do ponto de venda
Atuação: Parte do mercado	←→	**Atuação:** Parte do linear
Técnicas: Quantitativas e qualitativas	←→	**Técnicas:** Quantitativas e qualitativas
Objetivo: Market share e rentabilidade de mercado	←→	**Objetivo:** Rentabilidade e volume de negócios da superfície de venda

Fonte: elaborado pelos autores.

Outros conceitos são por vezes utilizados de forma indevida para designar merchandising, como é o caso de *product placement*, que se refere à inclusão sutil de produtos, serviços, marcas ou empresas na programação normal de séries televisivas, visando à sua respectiva promoção.

A grande novidade da noção de merchandising ora apresentada tem a ver com a ideia de uma gestão baseada na rentabilidade individual dos produtos em exposição. Os princípios dessa técnica visam assegurar maior competitividade no local de venda, atuando sobre a implantação das seções ou dos expositores como suportes de venda dos produtos.

O merchandising trata das técnicas de otimização das áreas de exposição dos produtos nos pontos de venda. Engloba a otimização do sortimento da loja, da alocação de espaço e de marcas, da arrumação e da comunicação dos produtos (*point of sale* – POS), sempre com base em análises quantitativas de vendas e lucros que levam em conta o comportamento dos clientes (padrões de consumo, tempo de permanência no estabelecimento, atitude, habilidade visual etc.).

O desenvolvimento das técnicas de merchandising levou a novas especializações, como é o caso do "geomerchandising" e do "visual merchandising", e ao desenvolvimento de *softwares* específicos para a área.

Essas técnicas foram desenvolvidas com o aparecimento e a proliferação de supermercados e outras superfícies de venda em regime de livre serviço; esses tipos de estabelecimentos têm algumas características comuns, que os distinguem dos clássicos varejistas, onde os vendedores de balcão eram peças fundamentais de todo o sistema de transação. Destacamos a seguir algumas delas.

- Apresentação dos produtos à vista do cliente.
- Livre acesso do consumidor ao produto.
- Livre escolha dos produtos pelo consumidor, sem a intervenção do vendedor.
- Centralização do pagamento em lugar específico (caixas).
- Disposição de elementos necessários para o uso do sistema pelo cliente:
    - carrinhos, cestos ou sacos para a manipulação de produtos;
    - sinalização dos setores do estabelecimento.
    - prestação de serviços pelo sistema:
    - iluminação;
    - limpeza;
    - informações sobre produtos e preços.

6.2 CLASSIFICAÇÃO DO MERCHANDISING

Quando falamos em merchandising, devemos considerar duas grandes divisões fundamentais:

- merchandising do fabricante;
- merchandising do distribuidor.

Qualquer que seja a ótica pela qual analisemos o merchandising, as técnicas que o compõem se baseiam sempre nos instrumentos básicos do marketing mix.

- **Produto:** mercadorias a vender; profundidade do sortido; serviços a oferecer.
- **Preço:** níveis de preços; condições de pagamento; cartões de crédito/débito; colaboração com entidades financeiras.
- **Distribuição:** localização da loja; localização de sucursais; disposição e apresentação dos produtos; ambiente da loja.
- **Promoção:** publicidade, propaganda, relações públicas; venda pessoal; promoção de vendas; imagem.

6.2.1 Merchandising do fabricante

Estão incluídas nesse conceito todas as operações e técnicas que têm por objetivo promover, no sentido mais amplo, o produto. Essas ações por parte do fabricante podem ser traduzidas em ações promocionais dirigidas ao consumidor, aos distribuidores ou ainda ao pessoal de vendas. Destacamos as seguintes.

- Distribuição de amostras
- Entrega de vales ou cupões
- Ofertas
- Descontos
- Concursos
- Demonstrações e provas
- Concessões financeiras nas transações
- Mercadorias em consignação
- Concessão de espaços
- Gratificações
- Prêmios

Os fabricantes que têm uma política de marketing coerente e se apoiam nas técnicas de merchandising para uma melhor promoção dos seus produtos devem ainda ter em seu quadro um técnico qualificado em merchandising, isto é, alguém que seja ao mesmo tempo um promotor, um assessor comercial dos clientes e um informador. Esse técnico, muitas vezes designado por merchandiser, fundamentalmente deve ser alguém com conhecimento:

- sobre os produtos que a empresa comercializa, tanto técnica como comercialmente;
- sobre a estratégia de marketing da empresa e os objetivos comerciais;
- sobre técnicas de venda, os pontos frios e quentes do ponto de venda, assim como respectivos layouts, e saber gerir espaços;
- para dominar as técnicas de promoção no ponto de venda;
- para informar e dirigir os repositores que estão encarregados de manter os produtos fisicamente nos pontos de venda, organizando a reposição nos lineares de exposição de modo a assegurar a conveniente rotação dos produtos.

É necessário existir uma linguagem comum entre o fabricante e o distribuidor. É normalmente pela via do técnico de merchandising, ou merchandiser, que essa linguagem é estabelecida.

6.2.2 Merchandising do distribuidor

O merchandising do distribuidor também é necessário, visto que o comportamento do consumidor está em permanente alteração. Hoje em dia, ele sabe mais, exige mais, critica mais, e também compra mais. O consumidor não é mais como no passado – um elemento passivo no processo de transação –, pois atualmente toma parte ativa nas transações comerciais.

Existem estudos segundo os quais um consumidor caminha em média um metro por segundo num hipermercado. Para ver um produto e marca, ele necessita, em média, de 3 a 4 segundos. Se demorar de 20 a 30 minutos no ponto de venda, então terá visto entre 300 a 400 produtos. Se um supermercado tiver aproximadamente 20 mil referências, o consumidor somente conseguirá enxergar de 1,5% a 2 % do total de referências da loja.

Os objetivos das ações de merchandising dos distribuidores (varejistas) devem ser incentivar o consumidor a:

- escolher sua loja;
- permanecer o maior tempo possível nela;
- observar produtos que inicialmente não pensaria em comprar e tomar decisões de compra favoráveis.

6.2.2.1 Fases do merchandising dos distribuidores

As fases do merchandising dos distribuidores incluem a análise das etapas seguintes:

- investigação do mercado;
- espaços de venda;
- implantação dos produtos;
- rentabilidade do expositor.

Investigação do mercado

Essa primeira fase, além de ter os objetivos estudados anteriormente, referentes à melhor instalação possível do ponto de venda, deve considerar os seguintes aspectos:

- adequação da oferta à procura local;
- conhecimento perfeito da concorrência (pontos fortes e fracos);
- análise das possibilidades de instalação futura de concorrentes.

Esses aspectos devem ser estudados dentro do âmbito planejamento estratégico da empresa.

Espaços de venda
Nesse ponto devemos analisar os aspectos a seguir:

- distribuição da área do ponto de venda;
- implantação das seções;
- coeficientes de ocupação de espaço;
- distribuição dos lineares;
- famílias de produtos.

a) Distribuição da área do ponto de venda

A atração dos consumidores aos pontos de venda é influenciada pela área em que ele se localiza; já a rentabilidade tem a ver com a operacionalização do negócio. Dessa forma, o controle do espaço nos pontos de venda, objetivando a rentabilidade do negócio, é um dos aspectos mais importantes que varejistas devem levar em conta na condução de seus negócios.

Uma análise do controle pressupõe estudar a distribuição da área do ponto de venda, a forma como estão implantadas as seções; a ocupação do espaço da loja; a distribuição dos expositores e as famílias de produtos oferecidos.

A análise da distribuição da área do ponto de venda implica o estudo da repartição da superfície total do ponto de venda pelas diferentes seções.

Com base no cálculo do rendimento de venda por unidade de superfície, considerando as previsões de vendas (volume de negócios global e por seção) e o volume de negócios por metro quadrado ou por metro linear, determina-se a área necessária a cada seção. Como exemplo, consideremos:

Quadro 6.2 Determinação da área de cada seção em um supermercado

Seção	% Volume de negócios previsto	Volume de negócios em R$ 1.000	Rendimento normal venda/m²	Área necessária
Mercearia	25%	R$ 6.000	30.000/m²	200 m²
Líquidos	14%	R$ 3.360	40.000/m²	84 m²
Açougue	20%	R$ 4.800	120.000/m²	40 m²
Lácteos	15%	R$ 3.600	45.000/m²	80 m²
Padaria	3%	R$ 720	30.000/m²	24 m²
Fruta/Legumes	11%	R$ 2.640	45.000/m²	59 m²
Bazar	7%	R$ 1.680	15.000/m²	112 m²
Têxtil	5%	R$ 1.200	12.000/m²	100 m²
TOTAL	100%	R$ 24.000	34.285/m²	699 m²

Fonte: elaborado pelos autores.

Nota: o rendimento normal ou a venda por m² é obtida por analogia ou dados históricos da zona comercial onde a loja está implantada.

b) Implantação das seções

Essa análise tem a finalidade de discutir a disposição ideal das seções com vista a aumentar e facilitar as compras do cliente. Devem ser levados em consideração os seguintes critérios:

i. a necessidade de fazer o cliente circular pelo maior número de seções;
ii. o respeito pelas condições técnicas da própria loja;
iii. a clareza da oferta ao consumidor.

Uma vez observados os critérios acima, é preciso analisar os aspectos descritos a seguir.

- Disposição da entrada e das caixas de pagamento em relação à orientação dos expositores, que será condicionada pela arquitetura da loja.
- A arrumação deve facilitar a circulação e a exposição do maior número de produtos. Por exemplo, os produtos pesados e de forte rotação devem posicionar-se junto às reservas, assim como os frescos necessitam de proximidade das câmaras frigoríficas.
- Se os clientes entram na loja pelo lado direito, eles têm tendência a circular na loja no sentido anti-horário, percorrendo os corredores

mais importantes. Cria-se assim a noção de corredor periférico, que reflete o maior volume de trânsito e onde são implantadas as seções mais atraentes, e aí podem-se realizar atividades promocionais. Os produtos obrigatórios (lácteos, líquidos, frutas, legumes, carnes) são colocados ao longo desse corredor criteriosamente para levar o cliente a percorrê-lo completamente. Esse método é conhecido como "princípio da distribuição dos pontos quentes".

- A seção de líquidos deve estar localizada na parte final do percurso, podendo, no entanto, estar colocada à entrada, com o inconveniente de que o peso a transportar pelo cliente durante as compras restantes será maior.
- Para "irrigar" a parte central da loja, pode-se utilizar o poder de atração, "empurrando" o cliente para esses corredores nos quais devem estar expostos produtos obrigatórios (pontos quentes) – açúcar, massas, azeite etc.
- Por último, deve-se determinar na loja quais os pontos quentes, frios e zonas de estrangulamento, a fim de permitir reequilibrar a irrigação da loja.

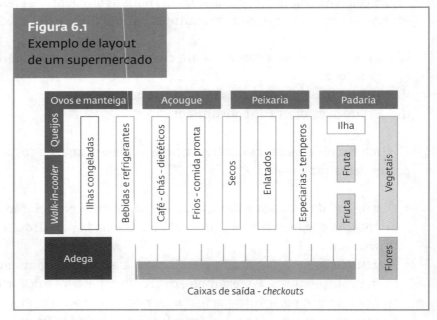

Figura 6.1
Exemplo de layout de um supermercado

Fonte: elaborada pelos autores.

Notas:
- Devem-se evitar recantos e arrumações que compliquem o circuito normal de compras.

- Os clientes que circulam pelo corredor principal raramente voltam.
- Devem-se limitar corredores transversais.
- Devem-se alternar ao longo do circuito os produtos "quentes", as "promoções" e os produtos de grandes margens.
- Deve haver um esforço para agrupar os produtos que, na mente do consumidor, estão "ligados".
- Os artigos de impulso (pastelaria, higiene, beleza) devem ser destacados, pois têm margens de lucro elevadas (22%-25%). As seções desses artigos precisam ser colocadas em frente de seções com maior poder de atração.
- É possível incentivar a circulação pelo lado interior do corredor periférico com uma iniciativa mais agressiva (promoção de produtos que tenham uma forte campanha publicitária, instalação de jogos de iluminação mais intensa etc.).
- Com relação às seções não alimentares, como a têxtil e a eletroeletrônica, cada empresa deve personalizar a implantação delas. Algumas lojas optam por dispor essas seções em frente aos caixas de pagamento.
- O orçamento de tempo de um cliente é, em média, de 20 minutos para um supermercado e de 40 minutos para um hipermercado. As seções devem estar localizadas de modo que o cliente possa cumprir esse orçamento.

c) Coeficientes de ocupação de espaço

Dada a utilização de expositores longitudinais (gôndolas), designados de lineares, existe nessa fase a necessidade de um instrumento que permita relacionar a área de venda com a área de metro linear. Esse instrumento será o coeficiente de ocupação de espaço – COS –, que se define como:

$$COS = \frac{Nr.\ mts\ lineares \times 100}{superfície\ de\ venda\ em\ m^2}$$

O número de metros lineares é obtido pelo total de elementos de uma gôndola multiplicado pelo número de armações. A superfície de venda é calculada até o centro do corredor. Quanto mais baixo o COS, menos material de apresentação deve haver e mais espaçosos serão os corredores. Um estabelecimento com um COS elevado parece mais estreito. Recomenda-se, para um hipermercado, um COS menor do que 25%, ao passo que os supermercados devem apresentar COS de 50 a 70%.

d) Distribuição dos lineares

O expositor de venda, enquanto suporte dos produtos, é o elemento fundamental da loja. Na maioria dos casos é o gerente da loja, com sua experiência e conhecimento, que efetua a distribuição dos lineares no espaço.

Sendo os expositores simultaneamente espaços de exposição e de armazenagem dos produtos, possibilitam várias técnicas de apresentação, que variam fundamentalmente de acordo com a altura da exposição e do sistema de apresentação (horizontal, vertical, em *pallets* ou gaiolas de arame).

Para melhor compreensão desse ponto definem-se as três dimensões do expositor:

- Horizontal ⟶ Comprimento da armação
- Vertical ⟶ Número de prateleiras
- Profundidade ⟶ Largura da prateleira

As prateleiras que proporcionam maiores índices de venda por metro linear são as que se situam ao nível dos olhos ou das mãos do consumidor. Ao nível do solo dispõem-se os produtos de grande notoriedade (azeite, açúcar, alvejante etc.), que são mais procurados pela maioria da clientela. Um exemplo de disposição: enquanto os vinagres normais são colocados nas prateleiras de baixo, os especiais são dispostos nas que ficam ao nível dos olhos.

e) Famílias de produtos

Pela análise das famílias de produtos pode-se entender melhor quais as tendências do consumidor, suas preferências e fundamentalmente tomar decisões quanto à implantação de uma ou mais famílias, ou mesmo eventualmente tornar quente um ponto frio ao colocar nele uma família com elevado grau de atração. Uma medida importante para essa análise tem a ver com o grau de atração:

$$\text{Grau de atração} = \frac{\text{N}^\text{o} \text{ atos de compra de uma família}}{\text{N}^\text{o} \text{ total de atos de compra}}$$

O número de atos de compra de determinada família pode ser observado pela verificação dos estoques. Já o número total de atos de compra é obtido pela contagem dos tíquetes de caixa.

Implantação dos produtos

Técnicas de apresentação e promoções no ponto de venda

A disposição dos produtos no varejo deverá obedecer a duas premissas básicas:

- devem ser apresentados nos lineares ou gôndolas de uma maneira harmoniosa, legível, clara, despertando no cliente uma grande vontade de comprá-los;
- devem estar dispostos em altura adequada, de forma que o cliente não tenha de efetuar grande esforço para obtê-los.

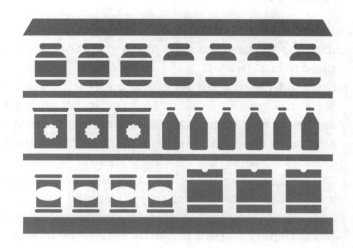

No que diz respeito à distribuição dos produtos no espaço de venda, convém analisar os seguintes aspectos:

- sistemas de apresentação;
- locais privilegiados das lojas;
- repartição do espaço disponível na loja pelas diferentes seções.

a) Sistemas de apresentação

Os produtos podem estar apresentados em três tipos de sistemas, descritos a seguir.

i. Apresentação horizontal: Os produtos são alinhados em sequência ao longo de uma prateleira e por família. O inconveniente desse tipo de apresentação é a má visibilidade das subfamílias de produtos, além de o cliente ter de percorrer muito espaço para procurar outra família de produto.

ii. Apresentação vertical: Os produtos são empilhados. Aqui podem-se colocar as marcas com melhores margens à altura dos olhos. O inconveniente maior reside no fato de serem necessárias reposições mais frequentes de mercadorias. **Nota:** muitos hipermercados apresentam uma apresentação vertical por famílias, mas horizontal por produtos.

   iii. Apresentação em *pallets*: Este tipo de apresentação também pode ser feito em gaiolas de arame, dando ao cliente uma ideia de produto barato.

b) Locais privilegiados das lojas

Existem locais nas lojas mais privilegiados sob o ponto de vista de atração para a clientela.

   i. Extremidades ou topos dos expositores: estão na intersecção de dois corredores. É o local ideal para promover produtos. Os produtores os alugam para aí poderem efetuar suas campanhas.

   ii. Avançados de seções: são elementos metálicos integrados no expositor, usados para artigos pequenos.

   iii. Caixas de pagamento: a eficácia desse lugar depende do tempo médio de espera do cliente até ser atendido.

   iv. Ilhas de alimentação: são obstáculos nos corredores de modo que o cliente vá ao seu encontro. Trata-se de um tipo de apresentação em desordem.

c) Repartição do espaço em seções

Os clientes que sabem o que querem e aqueles que se movem em função dos apelos recebidos devem ser simultaneamente satisfeitos. Dado que os clientes raramente voltam à mesma seção, devem encontrar convenientemente os produtos expostos. Para um valor de extensão de exposição no linear (*facing*) menor que 25 cm (no caso de um supermercado) ou que 50 cm (no caso de um hipermercado), os produtos têm pouca possibilidade de serem vistos. Por outro lado, a partir de certo espaço a progressão de vendas não será afetada. Com essas noções define-se, então, a **elasticidade de um expositor**.

Considerando o Gráfico 6.1 – o valor do *facing* em centímetros está representado no eixo X e o volume de vendas em reais por unidade de tempo para os produtos colocados no expositor está representado no eixo Y –, pode-se deduzir que 150 cm é o valor máximo de exposição para um produto que não deve ser ultrapassado; 100 cm de expositor é o valor ótimo para o qual a elasticidade ainda é positiva, e a partir dessa dimensão de exposição o aumento de vendas é proporcionalmente inferior ao aumento do comprimento do expositor.

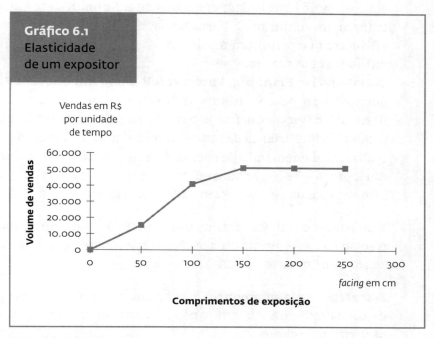

Gráfico 6.1 Elasticidade de um expositor

Fonte: elaborado pelos autores.

O fator crítico do merchandising é a reposição, que deve ser efetuada de forma continuada. Para isso é necessário colaborar no compartilhamento de informações de forma a habilitar fornecedores para, em tempo hábil, reporem produtos nas gôndolas, sem ruptura de estoque. Entre as várias ferramentas que podem colaborar nesse processo, o *software* Continuous Replenishment Program (CRP) é eficiente. Trata-se de um programa desenvolvido por empresas de varejo e seus fornecedores em parceria e direcionado à gestão de estoques e controle da informação de ordens de compra/venda através de transferência eletrônica de dados (*electronic data interchange* – EDI) entre os parceiros no negócio.

Outros processos colaborativos entre as empresas da cadeia de abastecimento são utilizados na consolidação da informação. Entre eles estão os que seguem.

- **ECR movimento global:** processo no qual empresas industriais e comerciais, juntamente com os demais integrantes da cadeia de abastecimento (operadores logísticos, bancos, fabricantes de equipamentos e veículos, empresas de informática etc.), trabalham em conjunto na busca de padrões comuns e processos eficientes que permitam minimizar os custos e otimizar a produtividade em suas relações.[2]
- **Collaborative Planning, Forecast & Replenishment (CPFR):**[3] desenvolvido pela Voluntary Industry Commerce Standards Association (Vics),[4] é definido como "uma prática comercial que combina a inteligência de vários parceiros no planejamento e na realização da demanda de clientes". A implantação do sistema CPFR pressupõe que as duas empresas em colaboração sincronizem seus dados e estabeleçam padrões de troca de informações.

Vendedores e compradores de uma cadeia de suprimentos podem colaborar ao longo de uma ou de todas as quatro atividades da cadeia de suprimentos, descritas a seguir:[5]

- **Estratégia e planejamento:** os parceiros determinam o escopo da colaboração e atribuem papéis, responsabilidades e pontos de verificação claros.
- **Gestão de demanda e oferta:** uma previsão de vendas colaborativa projeta a melhor estimativa dos parceiros sobre a demanda do cliente no ponto de venda.
- **Execução:** à medida que as previsões são sólidas, elas são convertidas em pedidos reais.
- **Análise:** as principais tarefas de análise focalizam a identificação de exceções e a avaliação das métricas usadas para avaliar o desempenho ou identificar tendências, como, por exemplo, a

---

2. ECR BRASIL. Disponível em: <http://www.ecrbrasil.com.br/ecrbrasil/page/saibatudosobreecr.asp>. Acesso em: set. 2016; Continuous Replenishment Program (CRP). Disponível em: <http://www.lean-manufacturing-japan.com/scm-terminology/crp-continuous-replenishment-program.html>. Acesso em: out. 2016.
3. Collaborative Planning Forecast & Replenishment (CPFR). Disponível em: <https://scm.ncsu.edu/scm-articles/article/cprf-model-collaborative-planning-forecasting-and-replenishment-cpfr-a-tuto/>. Acesso em: set. 2016.
4. Para consulta de produtos da Voluntary Industry Commerce Standards Association (Vics). Disponível em: <http://www.gs1us.org/industries/apparel-general-merchandise>. Acesso em: set. 2016.
5. CHOPRA, S.; MEINDL, P. *Gerenciamento da cadeia de suprimentos*. São Paulo: Prentice Hall, 2003. p. 502.

COM O DESENVOLVIMENTO DO LIVRE SERVIÇO DESAPARECEM OS VENDEDORES QUE PROCURAVAM TRANSFORMAR A ATITUDE DOS CLIENTES E LEVÁ-LOS A COMPRAR PRODUTOS DE ELEVADA MARGEM E FORAM SUBSTITUÍDOS POR TÉCNICAS QUE TÊM POR OBJETIVO AUMENTAR O GIRO DE TODOS OS PRODUTOS E ASSIM AUMENTAR A RENTABILIDADE DO PONTO DE VENDA.

constatação de uma lacuna entre as previsões feitas pelas duas empresas, refletindo faltas ou excessos de estoques.

Segundo a Vics,[6] as áreas mais comuns em que ocorrem implantações de CPFR são as mostradas no Quadro 6.3.

Quadro 6.3 Quatro cenários comuns de CPFR

Cenário de CPFR	Onde é aplicado na cadeia de suprimentos	Setores de atividade onde é aplicado
Colaboração em evento do varejista	Canais ou categorias com muita promoção	Todos os setores, exceto os que praticam *every day low pricing* (EDLP), ou preços baixos todos os dias
Colaboração em reposição do CD	CD do varejista ou CD do distribuidor	Farmácias, lojas de ferragens, supermercados
Colaboração em reposição da loja	Remessa direta à loja ou remessa do CD do varejo à loja	Grandes distribuidores, clubes de compras
Planejamento de variedade colaborativo	Vestuário e produtos sazonais	Lojas de departamentos, varejos especializados

Fonte: CHOPRA, S.; MEINDL, P., 2003, p. 503.

O processo de CPFR, embora não dependa de tecnologia, deve ser escalável e estar integrado aos sistemas empresariais de suporte à cadeia de abastecimento, pois facilita o compartilhamento de informações, a avaliação de condições excepcionais e permite antecipar as correções nas operações de cadeias de abastecimento.

6.2.3 O merchandising e o gerenciamento de categorias

Conceituamos o merchandising como uma "parte do marketing que engloba as técnicas comerciais que permitem apresentar ao possível comprador o produto/serviço nas melhores condições materiais e psicológicas. Tende a substituir a apresentação passiva por uma apresentação ativa do produto, apelando a tudo o que possa torná-lo mais atrativo: colocação, funcionamento, embalagem, apresentação, exposição, instalação etc.".

---

6. VICS, 2015.

Cada bandeira ou marca de um conjunto de lojas, como por exemplo "Extra", "Pão de Açúcar", "Carrefour" tem o seu plano de merchandising.

Uma categoria de produtos é um grupo distinto e gerenciável de produtos ou de serviços percebidos pelo consumidor como estando fortemente ligados e que satisfazem às mesmas necessidades de consumo.

Uma categoria é definida pela bandeira – exemplo no gráfico a seguir. Na sequência são agregados produtos ou serviços complementares ou, eventualmente, produtos substitutivos ou conexos.

A gestão por categorias é um processo permanente de colaboração entre a indústria e o varejo que tem como objetivo trazer mais satisfação ao cliente, atender melhor às suas necessidades, acompanhar a evolução do mercado e aumentar o tamanho da categoria.[7]

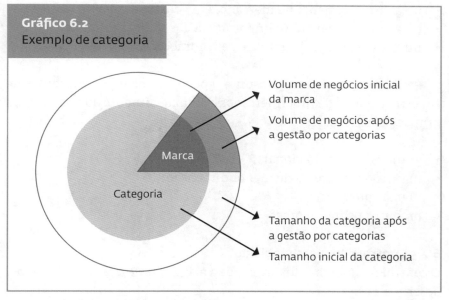

Gráfico 6.2
Exemplo de categoria

Fonte: elaborado pelos autores.

Vantagens da gestão por categorias:

- para a marca – aumento do volume de negócios mesmo sem crescimento da participação no mercado;
- para a bandeira – aumento do número de negócios da categoria.

---
7. LOPES, C. *Guia de gerenciamento por categorias*. São Paulo: Mbooks, 2013.

6.2.4 Construção do sortimento para uma categoria

A construção do sortimento de uma categoria depende de vários fatores e é condicionada pelo aumento da variedade de produtos e marcas, pela dimensão limitada de exposição (capacidade dos móveis na loja), pela percepção dos consumidores da região de implantação (área primária de consumidores) e pelo impacto da propaganda, sobretudo de certas marcas nacionais.

As decisões sobre os sortimentos que compõem uma categoria são mais complexas em lojas não alimentares, pois a rotatividade e o investimento por metro quadrado são maiores, influenciando a rentabilidade do ponto de venda. É possível deduzir os seguintes elementos influenciadores das estratégias de sortimento:

- taxa de crescimento de mercado, em volume e valor;
- estrutura do mercado e importância das marcas próprias;
- intensidade da propaganda e das promoções.

Para produtos de alto consumo, encontramos nos sortimentos de supermercados e de hipermercados sistematicamente quatro grandes grupos de marcas:

- grandes marcas nacionais;
- marcas de empresas de menor dimensão;
- marcas próprias;
- produtos primeiro preço.

6.2.5 Controle do merchandising

O controle do merchandising supõe a utilização de três tipos de dados, descritos a seguir.

- **Informações relativas ao mercado dos produtos:** informações fornecidas por empresas especializadas[8] ou ainda diretamente por fornecedores. Referem-se ao market share das marcas, vendas médias mensais, estoques médios, preços de venda etc.

---

8. NIELSEN (disponível em: <http://www.nielsen.com/br/pt.html>) e GFK (disponível em: <http://www.gfk.com/pt-br/>) são empresas que realizam pesquisas de mercado em vários países.

- **Informações qualitativas:** são obtidas pela análise dos métodos de arrumação dos produtos (vertical, horizontal, entre outros). Normalmente a apresentação real efetuada no ponto de venda difere da aconselhada pelo produtor, devendo-se então chegar a um consenso.
- **Controle de resultados:** além dos dados indicados, outros podem ser obtidos para o aprofundamento de nossa análise:
  - vendas unitárias nos períodos em estudo;
  - volume de negócios relativamente ao conjunto;
  - rentabilidade do ponto de venda.

6.2.6 Indicadores aplicados em merchandising

O controle dos pontos de venda é de fundamental importância não só para distribuidores mas também para que os produtores possam decidir corretamente sua política de merchandising.

Além disso, indicadores de desempenho são ferramentas fundamentais para o controle da produtividade e da rentabilidade do ponto de venda.

6.2.6.1 Indicadores de produtividade

Medem a quantidade de produtos vendidos ou volume de negócio realizado durante determinado tempo por funcionário, por metro quadrado da superfície de venda, por metros lineares ao solo (MLS),[9] por gôndola, por cliente etc.

Quadro 6.4 Indicadores de produtividade no ponto de venda

Indicadores de produtividade no ponto de venda	
$\text{Vendas/m}^2 = \dfrac{\text{Volume de vendas}}{\text{n. de m}^2 \text{ da loja}}$	$\text{Vendas/MLS} = \dfrac{\text{Volume de vendas}}{\text{MLS}}$
$\text{Vendas/MLT} = \dfrac{\text{Volume de vendas}}{\text{MLT (total de metros de prateleiras)}}$	$\text{Vendas/SF} = \dfrac{\text{Volume de vendas}}{\text{Superfície frontal (SF)}}$
$\text{Vendas/vol.} = \dfrac{\text{Volume de vendas}}{\text{Vol. (volume dos móveis em m}^3\text{)}}$	$\text{COS} = \dfrac{\text{Comprimento em metros dos lineares} \times 100}{\text{Superfície de vendas em m}^2}$
$\text{Vendas/HT} = \dfrac{\text{Volume de vendas}}{\text{Total de horas trabalhadas (HT)}}$	$\text{Vendas/caixas} = \dfrac{\text{Volume de vendas}}{\text{Total de caixas de saída}}$

Fonte: elaborado pelos autores.

---

9. Metros lineares ao solo: comprimento total dos corredores por onde passam os clientes da loja.

6.2.6.2 Indicadores de rentabilidade

Integram a noção de retorno sobre o investimento. O aumento de produtividade pode levar a um aumento de rentabilidade, mas não necessariamente. A rentabilidade do espaço de um ponto de venda exprime-se em "margem bruta" por metro quadrado, por MLS, por MLT (total de metros de prateleiras), por trabalhador.

Quadro 6.5 Indicadores de rentabilidade no ponto de venda

Indicadores de rentabilidade no ponto de venda	
$EBITDA/m^2 = \dfrac{EBITDA}{Superfície\ (m^2)\ da\ loja}$	$EBITDA/m^2\ total = \dfrac{EBITDA}{Superfície\ total\ da\ loja\ (m^2)}$
$EBITDA/MLT = \dfrac{EBITDA}{MLT\ (total\ de\ metros\ de\ prateleiras)}$	$EBITDA/MLS = \dfrac{EBITDA}{MLS\ (metros\ lineares\ ao\ solo)}$
$EBITDA/SF = \dfrac{EBITDA}{Superfície\ frontal\ (SF)\ em\ m^2}$	$EBITDA/volume = \dfrac{EBITDA}{Volume\ total\ dos\ móveis\ (m^3)}$
$EBITDA\ (\%)\ Vendas = \dfrac{EBITDA}{Vendas\ líquidas} \times 100$	Direct Product Profit

Fonte: elaborado pelos autores.

- EBITDA – Earnings Before Interest, Taxes, Depreciation and Amortization, que, em português, significa: lucros antes de juros, impostos, depreciação e amortização.
- Direct Product Profit (DPP) é um método de medir os custos de manuseio de um produto a partir do momento em que ele chega ao ponto de venda até ser adquirido pelo cliente.

Exemplo de indicadores de rentabilidade

Para identificar os principais aspectos que devem ser analisados na determinação da rentabilidade do ponto de venda, consideremos um exemplo de venda no período de 30 dias na "gôndola" de um hipermercado que apresenta dois tipos de produtos: "J" e "D".

Tabela 6.1 Evolução de vendas de dois produtos expostos em gôndola de supermercado

Produto	Preço venda	Custo unitário	Unidades vendidas	Estoque inicial	Estoque final	Facing metros
J	R$ 7,3	R$ 4,6	15.000	12.300	7.580	1,20
D	R$ 6,5	R$ 4,5	30.000	4.500	1.900	1,80

Fonte: elaborada pelos autores.

As seguintes análises podem ser executadas (valores referentes ao período de 30 dias).

a) Lucro bruto da gôndola

$$\text{Lucro bruto} = (\text{preço de venda} - \text{custo}) \times \text{unidades vendidas}$$

Lucro bruto (J) = (7,3 − 4,6) × 15.000 = R$ 40.500
Lucro Bruto (D) = (6,5 − 4,5) × 30.000 = R$ 60.000

b) Rendimento do linear
O rendimento do linear pode ser calculado pela seguinte expressão:

$$\text{Rendimento do linear} = \frac{\text{Benefício bruto}}{\text{Metros de frente de exibição}}$$

No caso em análise, teríamos:
Rendimento do linear (J) = R$ 33.750
Rendimento do linear (D) = R$ 33.333

c) Estoque médio

$$\text{Estoque médio} = \frac{\text{Estoque inicial} + \text{Estoque final}}{2}$$

Estoque médio (J) = 9.940 unidades
Estoque médio (D) = 3.200 unidades

d) Giro de estoque (dias)

$$\text{Giro de estoque} = \frac{\text{Estoque médio}}{\text{Unidade de venda}} \times \text{Período de tempo (dias)}$$

Giro de estoques (J) = 19,88 dias
Giro de estoques (D) = 3,20 dias

e) Coeficiente de rotação (rotatividade de estoques)

$$\text{Coeficiente de rotação} = \frac{\text{Venda de unidade}}{\text{Estoque médio}}$$

Coeficiente de rotação (J) = 1,51
Coeficiente de rotação (D) = 9,38

f) Benefício marginal pela rotação (BMR)

$$BMR = \frac{\text{Preço de venda} - \text{custo}}{\text{Custo}} \times \text{Coeficiente de rotação}$$

Benefício marginal pela rotação (J) = 0,89
Benefício marginal pela rotação (D) = 4,17

Exemplo de otimização de uma gôndola
O objetivo do distribuidor é alcançar a maior rentabilidade por metro quadrado utilizando da melhor forma as variáveis margem e rotatividade de estoque; para isso deve atuar no sortimento da loja e na apresentação dos produtos. A otimização é conseguida com uma análise sistemática da rentabilidade de cada gôndola e varia consoante a localização e o tipo de produto exposto. Pode-se conseguir aumentar a rentabilidade auditando de forma continuada as diferentes possibilidades de exposição dos produtos na gôndola.

Organização da gôndola
Suponhamos uma gôndola organizada com a seguinte arrumação representada esquematicamente:

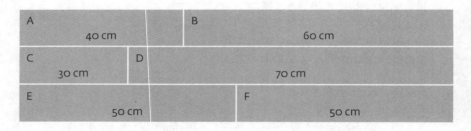

Para se proceder a uma revisão da arrumação do linear baseamo-nos em:

i. % do volume de negócios das diversas referências
ii. % da margem bruta das diversas referências
iii. Comprimento total do expositor ocupado pelas referências

Tabela 6.2 Valores ao final de uma semana de análise

Referência	Vol. de negócios (em R$ 1.000)	Margem bruta (%)	Margem bruta (em R$ 1.000)
A	350	17	59,5
B	180	22	39,6
C	420	18	75,6
D	210	37	77,7
E	104	40	41,6
F	536	16	85,8
Total	1.800	21,1	379,6

Fonte: elaborada pelos autores.

Concluímos:

Tabela 6.3 Relação entre a margem bruta e a dimensão de exposição de produtos em gôndolas

Ref.	% vol. negócios	Margem bruta %	% total expositor	Linear inicial	Sentido da decisão	Linear proposto
A	19,4	15,7	13,3	40 cm	Aumentar (↑)	60 cm
B	10,0	10,4	20	60 cm	Diminuir (↓)	40 cm
C	23,3	19,9	10	30 cm	Aumentar (↑)	60 cm
D	11,7	20,5	23,3	70 cm	Diminuir (↓)	40 cm
E	5,7	11	16,7	50 cm	Aumentar (↑)	40 cm
F	29,7	22,5	16,7	50 cm	Diminuir (↓)	60 cm
Total	100	100	100	300 cm		300 cm

Fonte: elaborada pelos autores.

Podemos agora alterar a arrumação, passando ao seguinte esquema:

A 20 cm	E 20 cm	B 20 cm	D 20 cm	C 20 cm
A 20 cm	E 20 cm	B 20 cm	D 20 cm	C 20 cm
A 20 cm	F 60 cm			C 20 cm

Capítulo 6 • Técnicas de exposição de produtos

Notas:
- F – Produtos chamariz são produtos com grande volume de negócios; taxa de margem bruta mais baixa; aumenta-se o linear para evitar ruptura de estoques.
- O processo deve repetir-se após a correção, medindo-se novamente a rentabilidade alcançada com a nova arrumação no mesmo período de tempo e assim sucessivamente.
- Os *softwares* de gestão de espaços vêm sendo cada vez mais utilizados pelos varejistas brasileiros. Por meio desses programas, os fornecedores procuram analisar o desempenho de suas categorias de produtos e também sugerir aos varejistas melhores distribuições nas gôndolas.[10]

Cabe realçar que o controle das gôndolas deve ser feito de forma permanente e, sempre que possível, em tempo real, visto que as vendas são influenciadas não somente pela sazonalidade de alguns produtos mas também pelas promoções levadas a cabo pela concorrência.

---

10. PARENTE, 2000, p. 322.

ESTUDO  DE CASO

Merchandising inteligente gera visibilidade e vendas

Havaianas, Johnson, Pfizer, entre outras, não vivem sem a Compart.

BRUNO MELLO

O que Johnson & Johnson, Pfizer, Bayer, Alpargatas, Coca-Cola, 3M, Kimberly-Clark, Nissin, Perdigão, Novartis, Castrol, Reckitt Benckiser, Basf, Claro e Elegê têm em comum? Todos eles trabalham o ponto de venda como prioridade e, por isso, precisam de inteligência, pessoal especializado e resultados condizentes com os altos investimentos que fazem em diversos pontos de contato com o consumidor e no desenvolvimento de seus produtos.

Enquanto ainda há quem receba informações em excel com defasagem de 30 dias, algumas destas empresas sabem exatamente o que se passa em cada ponto de venda em que o seu produto está sendo vendido em todo o Brasil. Isto porque elas contam com uma agência chamada Compart, nascida no Rio Grande Sul há 14 anos e que hoje é uma das grandes parceiras na hora de vender.

Um dos grandes diferenciais da empresa comandada por Simone Marques é um sistema proprietário customizado para cada cliente. Ele mostra, em tempo real, via internet, quantas Havaianas tem em cada uma das 3.761 lojas em que são vendidas as sandálias em todo o Brasil. Mostra fotos com a disposição do produto, o menor e o maior preço, se há ruptura, monitora o concorrente e ainda fez sugestão de pedido.

POSICIONAMENTO E PESSOAS

Tudo isso só é possível porque a Compart conta com nada menos do que 1.400 funcionários que estão praticamente em todos os pontos de venda do Brasil todos os dias. Eles são os responsáveis pelo merchandising de cerca de 100 clientes. "Quando uma empresa nos contrata é porque ela quer estratégia, planejamento e foco. Fazemos um estudo mercadológico para saber onde posicionar o produto e onde terá mais giro de venda", afirma Simone em entrevista ao Mundo do Marketing.

Uma equipe de promotores que visita todos os pontos de venda de Havaianas no Brasil é responsável por toda a parte visual e pelos displays que vendem as sandálias. Os promotores fazem até sugestão de pedido em farmácias. Há duas equipes: uma que trabalha em supermercados e grandes redes e outra em médios e pequenos varejistas.

Para a Kimberly-Clark, por exemplo, o trabalho também é grande. A Compart faz desde a criação do material de merchandising até o monitoramento de seus produtos no ponto de venda, passando pelo treinamento do pessoal. Só em um projeto para Redecard foram visitados mais de 150 mil PDVs. Para a Souza Cruz, a empresa subiu até no morro e depois de seis anos de projeto a multinacional contratou os funcionários que eram da Compart.

História de sucesso

Um dos grandes trunfos desta operação são as pessoas aliadas à inteligência. "Somos uma agência especializada em merchandising e Marketing Promocional. Não ofereço um promotor. Vendo um pacote de serviços de merchandising para aumentar a visibilidade da marca e aumentar o giro do produto no ponto de venda. Consigo aumentar as vendas com uma equipe própria, que tem treinamento, campanhas de incentivo e de logística com um depósito próprio de 2 mil m²", explica Simone.

Depois de criar a Compart aos 18 anos, Simone quer ainda mais. Assim como a agência é capaz de aumentar as vendas de seus clientes, ela também multiplica o seu tamanho dia após dia. "Comecei em Cachoeirinha, fui para Porto Alegre, depois Florianópolis, Curitiba e nos tornamos líderes no Sul", relembra Simone. Lá, a agência trabalhou com grandes clientes como Pepsi, Sadia e Souza Cruz criando e executando campanhas promocionais.

E, depois de muito relutar em ir para São Paulo, Simone foi convencida por muitos de seus clientes que praticamente exigiram a sua mudança para a capital. "Nestes quatro anos crescemos 400% e o que era para ser uma filial se tornou em matriz com a conquista de grandes contas nacionais, como Johnson & Johnson, Pfizer, Bayer, Net e Alpargatas", conta a sócia-diretora da agência que quando chegou em São Paulo se instalou numa sala de 50m². Bem diferente dos atuais mil metros quadrados da nova sede da agência e da meta de abrir uma filial em Nova York, de onde já tem até convite de sócios.

Fonte: MELLO, B. Merchandising inteligente gera visibilidade e renda. *Mundo do Marketing*, abr. 2009. Disponível em: <http://www.mundodomarketing.com.br/reportagens/pdv/9201/merchandising-inteligente-gera-visibilidade-e-vendas.html>. Acesso em: set. 2016.

VAMOS TESTAR SEUS CONHECIMENTOS?

1 O merchandising é uma parte do marketing que engloba as técnicas comerciais. Qual seu principal papel nos dias de hoje?

2 "Se refere à inclusão sutil de produtos, serviços, marcas ou de empresas na programação normal de séries televisivas, visando à sua respectiva promoção." A afirmativa se refere a que tipo de estratégia? Justifique sua resposta de forma lógico-argumentativa.

3 As técnicas de merchandising foram desenvolvidas com o aparecimento e a proliferação de supermercados e outras superfícies de venda em regime de livre serviço. Esses tipos de estabelecimentos têm algumas características em comum que os distinguem dos clássicos varejistas, onde os vendedores de balcão eram peças fundamentais de todo o sistema de transação. Cite algumas dessas características.

4 Quando falamos em merchandising, quais são as duas grandes divisões fundamentais desse tipo de ferramenta?

5 Os fabricantes com uma política de marketing coerente e que se apoiam nas técnicas de merchandising para uma melhor promoção dos seus produtos devem ter um técnico qualificado em merchandising ou essa deve ser uma preocupação do revendedor?

6 "O merchandising do distribuidor aparece como necessário, visto que o comportamento do consumidor está em permanente alteração." Classifique a afirmativa como verdadeira ou falsa e justifique sua resposta.

Internacionalização

APRESENTAÇÃO

A globalização dos mercados tem levado produtores e distribuidores a estenderem suas atividades além-fronteiras. A internacionalização do varejo é hoje uma estratégia habitual de desenvolvimento das empresas que pretendem expandir seus negócios. A estratégia mais usual nesse caso são as franquias, pois possibilitam a internacionalização da distribuição com custos mais baixos. Já grandes empresas distribuidoras investem diretamente no exterior normalmente por meio de aquisições de redes de distribuição local já implantadas. Uma análise das formas de internacionalização e dos fatores críticos que levam ao sucesso das empresas permitirá ao empresário varejista que pretende expandir seu negócio em mercados externos tomar decisões com mais segurança e obter maior sucesso.

OBJETIVOS

Neste capítulo o objetivo é que você entenda a importância das decisões de internacionalização do varejo, analise as modalidades dessa iniciativa e deduza os fatores críticos de cada estratégia de internacionalização de atividades varejistas.

7.1 INTERNACIONALIZAÇÃO DO VAREJO

Para falar de canais de distribuição internacionais deve-se analisar todo o sistema de distribuição que é implementado pelas empresas quando elas se internacionalizam.

Quando é necessário definir estratégias de distribuição que envolvam mercados externos, os executivos internacionais deparam-se com dois tipos de problema:

- levar as mercadorias da empresa até o país de consumo;
- colocar as mercadorias ao alcance dos consumidores desse país.

A execução da primeira dessas tarefas caberá à distribuição física e, embora cheia de particularidades e técnicas especiais que merecem tratamento específico, não será tratada neste livro, sendo matéria de livros de marketing internacional.

Quanto à segunda tarefa, ela tem a ver diretamente com a gestão dos canais de distribuição. Aqui, entram em ação as especificidades de cada país e suas tradições comerciais, nomeadamente os sistemas de distribuição já implementados.

A expansão do varejo além-fronteiras coloca questões que devem ser ponderadas:

1. Se o varejo é o serviço que possibilita aos produtores atenderem às necessidades dos clientes, a expansão efetiva é dos produtores que levam seus produtos além do mercado doméstico ou do varejo que viabiliza essa ação?
2. Com o advento do e-commerce e das e-shops, qual o significado de varejo internacional? Uma e-shop instalada no Brasil e acessada nos Estados Unidos é uma empresa internacional?
3. Em internacionalizações via franquia, o que é internacionalizado: a empresa ou a marca que é franqueada no exterior?

Um dos aspectos mais salientes que podem levar ao entendimento do processo de "internacionalização" do varejo pode ser encontrado no entendimento de Ducrocq[1] sobre a tendência da distribuição de prever que o distribuidor de amanhã será também uma marca. Segundo o autor, é útil e necessário à compreensão da evolução do varejo diferenciar "marca" de "bandeira". Se a marca diferencia os produtos de uma dada empresa, a "bandeira", no entendimento do autor, diferencia as empresas.

Segundo ele, os motivos que levam uma bandeira a tornar-se marca estão relacionados aos seguintes pontos:

- passar da necessidade ao desejo – na medida em que a loja é também lazer; o "fazer *shopping*",[2] outrora praticado principalmente por classes com baixo poder de compra, é atualmente praticado em vários segmentos sociais;
- construir uma relação durável com os clientes;
- assegurar a coerência da relação multiformato e multicanal, isto é, a presença da mesma bandeira em vários tipos de loja.

Para a maioria das empresas, a hipótese de internacionalização é uma decisão bastante complexa. Do ponto de vista da empresa exportadora, aquela complexidade resultante muitas vezes do desconhecimento dos mercados que se pretende explorar significa demora,

---

1. DUCROCQ, C. *Distribution*: inventer le commerce de demain. Paris: Pearson, 2014.
2. "Fazer *shopping*" – expressão que designa atividade de lazer que consiste em visitar os pontos de venda não necessariamente para efetuar compras.

ineficiência e custos adicionais. Normalmente são as políticas de distribuição a adotar o fator determinante na tomada de decisão.

No que diz respeito à tomada de decisão sobre os canais e distribuidores que a empresa deve utilizar, ela recairá essencialmente em uma das duas seguintes hipóteses:

1. o distribuidor/importador nomeado implanta seus próprios canais e sistema de distribuição, perdendo o exportador o controle sobre o canal de distribuição;
2. o exportador vende diretamente através de pontos de venda e distribuidores locais por ele escolhidos, mantendo algum controle da comercialização.

Basicamente, é entre esses dois parâmetros que o exportador deverá tomar as suas decisões sobre a política de distribuição internacional.

7.2 A IMPORTÂNCIA DA GLOBALIZAÇÃO NO PROJETO DOS CANAIS DE DISTRIBUIÇÃO

Na ordem econômica atual, as empresas devem pensar que o *seu* mercado não tem mais os limites de outrora. As fronteiras passaram a confundir-se com os limites das civilizações. Sempre que quisermos considerar como nosso mercado um determinado espaço geográfico, as únicas condicionantes a tal desiderato são nossa arte e nosso engenho.

As novas regras de sobrevivência nos mercados têm sido progressivamente assimiladas pelas empresas desde que pela primeira vez, em 1983, Theodore Levitt lançou a expressão *global marketing*.[3]

Baseado naquela expressão, começa a desenvolver-se o conceito de globalização, que poderá ser entendido do seguinte modo:

> **Globalização** é uma iniciativa de negócios no pressuposto de que o mundo está a se tornar mais homogêneo e que as distinções entre os mercados nacionais não só estão se esvaindo para alguns produtos, mas eventualmente desaparecerão.

---

3. LEVITT, T. *A imaginação de marketing*. São Paulo: Atlas, 1985.

7.2.1 A adaptação da distribuição no mercado global

Como vimos, a designação "mercado global" indica que as empresas deixaram de pensar no "seu" mercado restrito para aceitar o mundo como o "seu" espaço de ação.

As estratégias resultantes dessa nova maneira de se estar nos mercados vão ter de ser adaptadas à realidade, nomeadamente quando analisamos os elementos do marketing mix e sua influência no estabelecimento dos diversos programas empresariais. Assim, deve-se atentar aos aspectos a seguir.

- O produto deverá ser idealizado para ser aceito globalmente, muito embora possa ser adaptado localmente, sem que por isso se perca a noção-chave da globalização.
- Na política de preços deverão ser equacionadas as diferentes sensibilidades do mercado global, deverão ser analisadas as diferentes opções para o posicionamento local dos produtos.
- A comunicação deverá ser apropriada a uma expansão rápida, quase instantânea e que possa ser decifrada por variadas culturas.
- A distribuição precisará ser adaptada ao mercado global, devendo fundamentalmente contribuir para que o posicionamento dos produtos seja o mais uniforme possível. As decisões sobre a distribuição em empresas que atuam no mercado global são muito complexas, sobretudo quando se trata de estabelecer políticas de posicionamento ou de serviço, quando se definem estratégias ou se analisa a segurança das operações.

Se é certo que a definição da estratégia empresarial e o estabelecimento do posicionamento para os produtos são controlados pela própria empresa, podendo ser por ela manipulados, já o nível de serviço a oferecer e sobretudo a segurança das transações são variáveis que devem ser adaptadas a cada mercado, estando intimamente ligadas à logística. Essa adaptação local, necessária para se cumprirem os planos de marketing estabelecidos, constitui a chamada **glocalização**, isto é, a adaptação local da globalização.

> Não se pode tratar da logística de uma operação igualmente em todo o mundo. Para haver uma verdadeira globalização deve existir uma adaptação da distribuição a cada realidade, isto é, a cada parte do mercado global em que trabalhamos.
>
> Um certo nível de serviço pode satisfazer ao segmento-alvo de um país e ser obsoleto noutro. O *just in time* pode ser posto em causa em processos de globalização, pois seu custo pode ser incomportável para determinado mercado.

Diremos que a distribuição deverá adaptar-se nas seguintes condições:

- sempre e quando, pela via escolhida, seu fluxo for mais fluido e seus canais conseguirem incutir uma maior segurança à transação;
- sempre que contribua para um serviço que possa ser enquadrado nos padrões preestabelecidos para os mercados em causa.
- as adaptações não deverão pôr em causa a estratégia empresarial previamente delineada, tendo-se presente o posicionamento pretendido localmente dos produtos a comercializar.

Por exemplo, uma empresa que é global, ao pretender projetar canais de distribuição e considerar a África e a Europa, deve ficar atenta a situações como: a frequência de transportes, os roubos ocasionados nos transbordos, estadias prolongadas nos portos, sistemas de distribuição física nos diferentes países e, por fim, os tipos de intermediários e a sua formação.

Convém ter ainda presente que, pela criteriosa eleição dos intermediários – importadores e distribuidores –, a empresa conseguirá posicionar seus produtos de acordo com a política estabelecida; esse posicionamento reflete o carácter local dessa política da globalização.

7.3 PROJETO DE CANAIS DE DISTRIBUIÇÃO INTERNACIONAIS

A estrutura dos canais de distribuição internacionais pode variar desde canais diretos (do produtor ao consumidor) até canais mais longos, em que cada patamar do canal, isto é, cada intermediário, proporciona um serviço específico. A configuração poderá variar até dentro da mesma indústria e na mesma empresa, visto que cada mercado nacional tem suas próprias características.

O **projeto do canal** diz respeito à determinação de sua profundidade e largura, sendo a *profundidade* definida pelo número de intermediários (patamares) que o compõe; a *largura*, pelo número de empresas do canal que oferecem serviços do mesmo tipo.

7.3.1 Os 11 Cs da distribuição

O projeto dos canais em mercados internacionais pode e deve ser determinado por fatores externos condicionantes e também por fatores internos controláveis pela empresa. Esses fatores, conhecidos por 11 Cs,[4] são os que seguem.

7.3.1.1 Fatores externos
- Características do cliente
- Cultura
- Concorrência

a) Características do cliente

As características demográficas e psicográficas dos consumidores que irão constituir o público-alvo nos mercados para onde se pretende exportar constituirão a base da decisão no que diz respeito à escolha da melhor variante para o sistema de distribuição a ser implantado.

Por exemplo, a introdução da cerveja Budweiser no Japão através do seu representante e importador, Suntory, teve como base de distribuição no período as discotecas e os *pubs*, refletindo desse modo que os japoneses mais jovens se adaptam melhor à cultura norte-americana do que os mais velhos.

Do mesmo modo, a Kronenbourg deu os primeiros passos no mercado norte-americano na Cidade de Nova York, visto que ali o consumo de cervejas importadas é mais significativo.

b) Cultura

Num novo mercado de exportação devem ser analisadas quais as estruturas já existentes, ou seja, qual a **cultura da distribuição** existente. Modificá-la pode trazer pouco êxito às operações que se pretende levar a cabo.

---

4. CZINKOTA, M.; RONKAINEN, I. *International marketing*. New York: Dryden Press, 1993. p. 389.

Por exemplo, em Portugal tradicionalmente os canais de distribuição para produtos têxteis não incorporam os intermediários do tipo central de compras, sendo as vendas dos produtores ou importadores efetuadas diretamente aos varejistas, com raras intervenções de atacadistas, sobretudo em produtos de alguma notoriedade. Na Noruega, a comercialização de têxteis e confecções é feita fundamentalmente através de centrais de compras ou associações de varejistas.

Nos EUA, as figuras de **agente** e de **distribuidor** são normais nos canais de distribuição. No entanto, as empresas que se dedicam à distribuição estão em franco progresso, tendo se desenvolvido com base no conceito *"One stop shopping"*, ou seja, *"You make it; we distribute it"*. Essa noção, que reflete a especialização da função de distribuição no universo empresarial, está se tornando cada vez mais uma realidade, nomeadamente pela preocupação de redução de custos em estocagem como reflexo das políticas de *just in time* e também pelo peso da logística na estrutura de custo das empresas.

No Japão, os varejistas exigem mais dos produtores e atacadistas do que na Europa; assim, devolvem mercadoria com a única justificativa de que não a venderam, esperando uma boa aceitação por parte deles.

c) Concorrência

Num dado mercado, a estrutura dos canais já utilizados pela concorrência dificilmente pode ser confrontada com outro tipo de distribuição imposta de fora para dentro.

Como exemplo, citamos a distribuição de bebidas alcoólicas na Noruega, que, sendo um monopólio estatal, pode representar um entrave a determinada política de distribuição. Também uma hipotética alteração do sistema de distribuição das confecções em Portugal poderia não ter êxito para as empresas que quisessem levar a cabo essa iniciativa, dada a tradição do sistema já implantado.

7.3.1.2 Fatores internos
- Objetivos empresariais (*company objectives*)
- Características do produto
- Capital
- Custos
- Cobertura

- Controle
- Continuidade
- Comunicação

a) Objetivos empresariais

Qualquer sistema de distribuição, ao ser selecionado, deve contribuir para que os objetivos empresariais para aquele mercado possam ser alcançados, nomeadamente os relacionados com a cota de mercado e a rentabilidade.

As estratégias e os canais de distribuição escolhidos devem, por isso, ser suficientemente flexíveis para poderem se adaptar às alterações resultantes da política da empresa. Se a empresa decidir expandir, deve haver da parte do sistema de distribuição uma resposta positiva a esse objetivo, nunca devendo o sistema ser responsável por qualquer atrofiamento resultante de um planeamento deficientemente executado.

Uma empresa que tem como objetivo o investimento direto em determinado mercado para onde já exporta deve acompanhar com cuidado a política seguida pelos seus importadores nesse mercado e estudar as relações contratuais existentes com seus representantes que lá atuam.

b) Características do produto

Produtos frescos, perecíveis ou que exigem serviço pós-venda com alguma frequência precisarão de canais de distribuição apropriados, normalmente curtos.

Ao estabelecer as políticas de distribuição, deve-se atentar também à tradição da distribuição do tipo de produto no país. A imposição de um novo sistema pode não ter os resultados esperados.

c) Capital

Ao abordar o tema capital, queremos focar as determinantes do investimento necessário para se estabelecerem os canais idealizados.

Se uma dada empresa pretende implementar determinado sistema com grande controle de sua parte, deve efetuar um investimento maior do que entregar parte desse controle a um intermediário.

Os sistemas verticais integrados de distribuição que possibilitam grande controle por parte dos centros de decisão são mais onerosos do que os sistemas clássicos, em que a posse dos intermediários não é requerida e substituída por uma relação contratual entre os diversos níveis.

O grande investimento necessário para se efetuar o controle da distribuição muitas vezes condiciona a expansão empresarial, pelo que deverá este item ser equacionado na altura da determinação das estratégias a adotar.

d) Custos

Qualquer sistema de distribuição tem custos agregados que se refletem nos produtos, podendo em alguns casos atingir tal montante que se perde a competitividade.

Muitas vezes, deve-se equacionar a possibilidade de investir conjuntamente com a empresa importadora, em situações adversas, para não comprometer as operações em determinado país. É exemplo a ajuda que por vezes se deve dar a um importador de um país onde, por força de uma brusca alteração cambial, os preços das mercadorias em estoque deixaram de ser competitivos face à concorrência.

e) Cobertura

Por cobertura entende-se a área geográfica em que a empresa quer comercializar seus produtos e também a qualificação dos intermediários que pretende ter.

Assim, no projeto de canais internacionais é preciso atender não só às áreas geográficas que se pretende ver cobertas mas também ao número e tipo de intermediários que serão utilizados para tal fim.

f) Controle

O controle dos canais a implementar é, sem dúvida, a decisão de maior ponderação. Se, por exemplo, a decisão tomada for entregar o controle da distribuição de determinado território a um distribuidor exclusivista, será de grande dificuldade e de complexa negociação a implementação futura de uma política de investimento direto nesse país.

Por outro lado, como já vimos, o controle das operações requer das empresas determinados investimentos nem sempre possíveis. Assim, uma política de equilíbrio é desejável, mas nem sempre viável. Nessas situações, a correlação de poderes entre o importador e o exportador é a chave para se alcançar uma posição desejável. Para que essa relação de poderes seja proveitosa é determinante o trabalho prévio, especificamente com a criação de uma imagem favorável.

Se a empresa pretende se instalar em determinado mercado através de um dado importador com notoriedade local, é conveniente potenciar o poder de referência ou eventualmente provocar algum tipo de dependência pós-venda, de modo a poder partir para a negociação com algum equilíbrio de poder.

g) Continuidade

Em comércio internacional, um aspecto da maior relevância é a decisão sobre a continuidade que se pretende dar às operações nos mercados eleitos.

Classicamente, as pequenas empresas encaram os mercados externos como meras situações pontuais, visando a um retorno rápido para seu investimento.

Uma empresa cuja estratégia seja a fixação num dado mercado deve considerar essa decisão como de médio ou longo prazo. Hoje em dia, com os mercados cada vez mais concorrenciais, é impensável a consolidação das operações sem pensar em investimentos a médio ou longo prazo.

Não se deve estabelecer uma estratégia de distribuição para um dado mercado pensando em colher os resultados dessa ação imediatamente. As políticas de distribuição a implementar precisam ser de longo prazo para de fato contribuírem com a boa *performance* da empresa.

h) Comunicação

A informação é essencial ao bom funcionamento de qualquer canal de distribuição.

No caso de sistemas de distribuição internacionais, as distâncias condicionam muitas vezes o fluxo informativo. Podem ser considerados os aspectos seguintes como causadores de problemas à comunicação.

- Distância social
- Distância cultural
- Distância tecnológica
- Distância temporal
- Distância geográfica

Todas essas dimensões devem ser consideradas no planejamento de canais de distribuição, sobretudo quando se determina o tipo de intermediários que irão fazer parte do canal.

7.4 A INTERNACIONALIZAÇÃO EMPRESARIAL E O SISTEMA DE DISTRIBUIÇÃO

Atualmente qualquer empresa, num dado momento, terá necessidade de contratar uma empresa de outro país. Cada vez mais, as fronteiras do mercado são mais largas, e a concorrência dentro do "nosso" mercado pelos que aqui chegam é mais evidente. Mesmo para quem só o mercado interno interessa, a questão da internacionalização deve ser colocada, pois se assim não o fizerem, correm o risco de ter de competir no "seu" mercado com empresas cuja estratégia passa pela internacionalização.

Para abordar este tema, propomos a reflexão sobre as questões seguintes:

"*O que é uma empresa internacional?*"
"*O que diferencia uma empresa nacional de uma internacional?*"

Uma resposta do tipo "uma empresa será internacional sempre que operar em mais de um país" pode parecer correta. No entanto, será que os limites geográficos de um dado país serão suficientes para caracterizar uma empresa como internacional? Por outro lado, será que uma empresa importadora, que tem frequente contato com diversas empresas de outros países, pode ser considerada uma empresa internacional, muito embora só opere num dado país?

Para responder à primeira questão, deve-se em primeiro lugar procurar responder à segunda, isto é, entender quais as diferenças entre as empresas que atuam no mercado delas e aquelas que atuam em vários mercados internacionais.

Fundamentalmente as diferenças são culturais, orgânicas e de processos. Para uma empresa atuar em vários mercados, sejam eles segmentos do seu próprio mercado ou mercados de países diferentes do seu, deve-se adaptar a receber novos estímulos, resultantes de processos específicos, motivo pelo qual sua cultura e sua organização precisam ser recicladas.

Também para aquelas empresas que, embora atuando no "seu" mercado, prevejam enfrentar concorrência vinda do exterior, essa adaptação torna-se imprescindível à sobrevivência, pois pode-se prever que quem chega de fora quer passar algo de sua cultura e personalidade, e sempre que isso acontece, torna-se um forte fator de competitividade.

"A galinha da minha vizinha é sempre melhor do que a minha."

7.4.1 Modalidades de internacionalização

As empresas podem utilizar várias modalidades na sua rota para a internacionalização.

De longe, a maneira mais usual e mais simples de qualquer empresa se tornar internacional é a **exportação**. Ela pode ser realizada por meio de envios diretos para clientes no exterior ou a distribuidores localizados nos países receptores.

Essa é a forma utilizada pela esmagadora maioria das micro, pequenas e médias empresas. O risco inerente ao processo é limitado e pode ser controlado mais facilmente. A rentabilidade do processo é razoável, e o controle dos produtos ao longo dos canais de distribuição é normalmente reduzido.

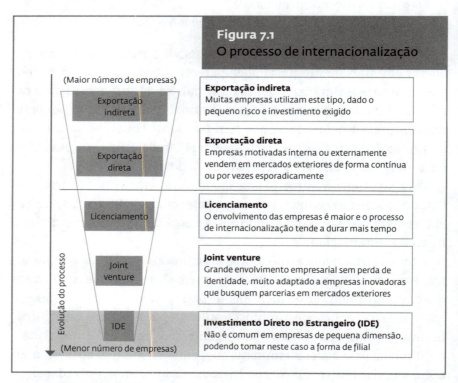

Figura 7.1 O processo de internacionalização

Fonte: elaborada pelos autores.

Outra forma de internacionalização é o **licenciamento**. Por esse sistema, os produtos não são exportados, isto é, não são transportados de um país para outro. O licenciamento prevê um contrato entre duas empresas em que uma, sendo detentora de *know-how*, acorda com a outra transferi-lo mediante uma retribuição.

Esses tipos de internacionalização atualmente em rápida expansão, nomeadamente na sua forma de *franchising*, ao permitirem aos franqueados uma rápida expansão do seu negócio, conferem ao licenciador um controle mais efetivo dos produtos ao longo dos canais de distribuição. Há algum risco para os licenciadores bastante atenuado no caso dos sistemas de *franchising*, mas a rentabilidade de todo o processo é mais reduzida do que no sistema anterior. Normalmente estão associados a um processo de licenciamento fortes investimentos em publicidade, a fim de provocar uma forte notoriedade de marca em um prazo relativamente longo até que o negócio esteja funcionando em pleno vapor.

Uma terceira e mais envolvente forma de internacionalização são as joint ventures, sistema em que duas ou mais firmas com características complementares se juntam, partilhando os investimentos e o risco. Normalmente em mercados externos, uma firma junta-se com outra do mesmo país para compartilhar seu *know-how* e seu conhecimento do mercado. Esse tipo de associação é vulgar acontecer com firmas de países menos desenvolvidos (PVDs) que, por se situarem em locais estratégicos ou perto de matérias-primas essenciais, precisam se associar a quem tem conhecimentos de processos tecnológicos avançados e mercados para seus produtos.

Nesse processo pode haver um maior controle dos produtos até chegarem ao mercado, o risco é maior para os intervenientes, mas os rendimentos também são mais substanciais.

Uma quarta forma é o **investimento direto estrangeiro**, em que uma firma resolve investir por sua conta e risco estabelecendo-se noutro país. Os rendimentos dessa operação são potencialmente maiores, assim como o risco. Nesse sistema, a empresa também pode controlar seus produtos ao longo do canal de distribuição. Apresenta maior risco, mas também maior rentabilidade.

Normalmente as empresas encetam um processo de internacionalização pela exportação a um dado país. Se essa primeira experiência corre bem, o leque de países é eventualmente alargado. Há um momento em dado mercado em que se põe o problema do fabrico dos produtos localmente; é aqui que aparece o licenciamento. Se o licenciamento conduzir a resultados satisfatórios, a empresa, para não perder o controle dos seus canais, pode evoluir para uma forma de associação do tipo *joint venture*.

Por fim, sempre que as condições do mercado se tornem estáveis, e sempre que a política empresarial seja de expansão, aparece o investimento direto estrangeiro. Essa é uma sequência típica do percurso de uma empresa para a internacionalização, não querendo concluir que seja o mais aconselhável, nem o mais usual. As situações variam de empresa para empresa e de mercado para mercado. O passo de maior implicação é o do investimento direto estrangeiro, pois tem a ver com a análise dos riscos políticos, de nacionalizações, expropriações ou com dificuldades de expatriar os lucros obtidos nas operações. Esses riscos são particularmente importantes quando se trata de investimentos feitos em PVDs.

As vantagens competitivas do investimento direto estrangeiro pelo fato de as unidades de produção estarem implantadas nos mercados de atuação são grandes e, por vezes, torna-se inevitável esse tipo de atuação.

Como se pode deduzir pela Figura 7.1, à medida que as empresas evoluem da posição de exportadores indiretos para a de investidores diretos, o risco de suas operações comerciais aumenta, assim como seu envolvimento nos mercados, aumentando também os lucros potenciais, assim como o controle de suas operações.

7.4.2 Projeto dos canais de distribuição internacionais

A distribuição constitui uma das melhores armas que o gestor moderno tem à disposição para a internacionalização da sua empresa.

Com concorrência cada vez mais agressiva, com "segredos industriais" não mais guardados nem reservados, com *benchmarking* cada vez mais agressivo, com a comunicação adotando estratégias de globalização e contribuindo com elas, com os preços cada vez mais condicionados pelo mercado, pouco espaço de manobra resta ao gestor de marketing se quiser garantir vantagens competitivas duradouras para seus produtos.

A OPÇÃO POR UMA MODALIDADE DE COMERCIALIZAÇÃO INTERNACIONAL PASSA PELA ESCOLHA DO CANAL DE DISTRIBUIÇÃO QUE DEVE OBEDECER, ENTRE OUTROS, OS CRITÉRIOS DE SEGURANÇA, DE CONFIABILIDADE, DE CUSTO, DE CONTROLE, DE COBERTURA E DE GARANTIA DE CONTINUIDADE DAS OPERAÇÕES.

> Segundo a Fundação Nacional da Qualidade, **benchmarking** é um método utilizado para comparar o desempenho de um processo ou produto com seu similar, que esteja sendo executado de maneira mais eficaz e eficiente, dentro ou fora da organização, visando entender as razões do desempenho superior, adaptar à realidade da empresa e implementar melhorias significativas.

O consumidor mais bem informado, e a cada dia mais comodamente instalado, tem cada vez mais tempo para escolher o que quer e comprar, na hora que bem entender e no lugar mais apropriado. Sendo assim, as noções básicas, pilares da estratégia de distribuição, isto é, utilidade de tempo, lugar e posse, só poderão ser satisfeitas com políticas corretas de distribuição.

As vendas perdidas por rupturas de estoque, ou as rebaixas por excesso, terão de ser monitorizadas e evitadas para garantir a sobrevivência das empresas, sendo por isso necessário que a função distribuição funcione em toda sua plenitude, isto é, estrategicamente em consonância com a estratégia da empresa, enquanto elemento do canal, com opções corretas de intermediários e com a logística apropriada.

O projeto e a seleção dos canais de distribuição tornam-se assim uma tarefa primordial para se garantir o sucesso da empresa exportadora. Teoricamente, as empresas podem optar por canais longos, com grande número de intermediários, ou canais curtos, com poucos intermediários.

A escolha de qualquer daquelas soluções, ou eventualmente de uma intermédia, tem a ver fundamentalmente com o tipo de produto, o tipo de mercado a que nos dirigimos e também com o tipo da empresa. Muitas vezes, a empresa não tem uma estrutura que permita trabalhar com canais curtos, devendo-se então optar por canais mais longos.

Deverá ser preocupação dos decisores, além das considerações acima expressas, o fato de a escolha do canal ideal de distribuição ter implicações ao nível das relações de conflitualidade latentes e de estas terem influência sobre o rendimento de todo o sistema. Assim, quanto mais longo for o canal, maior será o poder dele sobre o negócio, menor será o poder do produtor e maiores serão os riscos de conflitualidade.

Então, o que fazer? Perder o domínio do canal, aumentando as possibilidades de conflito, ou garantir canais curtos, o que em comércio internacional pressupõe grandes organizações ao nível de vendas e consequentemente maiores investimentos?

Como se disse, a resposta a essa pergunta engloba vários fatores, mas será que ela é única? Não, os sistemas de controle contratuais, em que o sistema de franchising é o modelo mais comum, permitem, com a manutenção de uma mesma formatação mercadológica e a perseguição de objetivos comuns, garantir um tipo de distribuição vertical, com um mínimo de conflitualidade. Só assim se compreende o êxito dessa forma de comerciar e o grande desenvolvimento que ela tem na aplicação das estratégias de internacionalização das empresas.

Além desse sistema contratual do tipo vertical, existem outros, também com controle do canal a um determinado nível. É o caso dos sistemas verticais institucionais, em que a empresa estabelece filiais ou delegações a outros níveis do canal de distribuição.

Em operações de exportação também é vulgar utilizarem-se os sistemas horizontais de distribuição, que têm como finalidade aproveitar a complementaridade existente entre as empresas. É o caso de duas empresas, uma de calças e outra de camisas, que, para penetrarem num novo mercado ou participarem numa exibição noutro país, agrupam-se numa associação complementar.

A situação mais corrente é, no entanto, a prática de multicanal. As empresas escolhem sistemas verticais, ou horizontais, consoante os mercados e suas próprias capacidades organizativas e financeiras.

7.4.3 Os intermediários nos canais de distribuição internacionais

Os elementos do canal chamados de intermediários são fundamentais em qualquer estratégia de distribuição empresarial. Diremos que sem intermediários não haveria transações, pois eles são responsáveis por toda a regularização do "tráfego no canal de distribuição".

Em mercados exteriores, os intermediários, além das funções vulgarmente desempenhadas, têm a grande virtude de estarem dentro do mercado e de refletirem esse mesmo mercado. Dada a distância geográfica, cultural, religiosa e social que muitas vezes se faz sentir, não seria possível receber estímulos sobre esse mercado sem presença.

Estrategicamente, os intermediários podem enquadrar-se em sistemas de distribuição de diferentes formas.

- Distribuidores exclusivos: intermediários que detêm exclusividade do negócio em determinada área geográfica. São comuns em comércio internacional e muitas vezes são designados representantes exclusivos de uma empresa ou de uma marca para um país ou grupo de países.
- Distribuidores seletivos: quando a empresa seleciona alguns distribuidores aos quais garante exclusividade e a prestação de assistência em determinada área geográfica.
- Distribuidores extensivos: quando a única preocupação da empresa é colocar seus produtos na maior área geográfica, porque pressupõe que as vendas serão tanto maiores quanto maior o número de distribuidores. Em comércio internacional, em termos de estratégia da empresa produtora, é aplicável para territórios próximos ou mesmo vizinhos do país de origem.

Convém salientar a mudança radical de mentalidade dos intermediários, que progressivamente apontam sua estratégia para uma melhor rentabilidade do seu espaço enquanto área, em detrimento do negócio enquanto compra e venda de mercadoria. Sob esse aspecto, a distribuição deverá ser analisada tendo em vista as consequências daí resultantes.

Os ciclos de vida dos produtos tendem a ser cada vez mais curtos, e as estratégias empresariais apontam para políticas de substituição mais rápida, em detrimento de estratégias de prolongamento do ciclo. Sob essa perspectiva, devem ser analisadas as alternativas de modificação do canal, adaptando-o às etapas do ciclo em vez de adotar canais fixos e sedentários em relação aos produtos que por eles são canalizados.

Em estratégias de globalização de mercados em que a uniformidade mercadológica é fator determinante, apresenta-se a distribuição como alavanca primordial da prossecução desse objetivo. Consideremos, por exemplo, o caso dos franchisings, que têm representado estratégias comuns na internacionalização e globalização empresarial. A formatação mercadológica uniforme, imposta pela filosofia das franchisings, pode servir de fator catalizador à harmonização de uma política de globalização. Analisando sob outra perspectiva, pode-se constatar que em globalização não seria rentável ter distribuidores, ainda que selecionados, não sujeitos a filosofias comuns ou não controlados minimamente pela via contratual ou pela via da verticalização empresarial.

Do exposto conclui-se que a escolha de distribuidores exclusivos como representantes para determinados territórios pode fazer perder o controle do canal, agravando assim a conflitualidade potencial. Isso é tanto mais evidente sempre que se trate de produtos de compra comum e, de maneira geral, de produtos de transação de baixa implicação, ou seja, sempre que a implicação da compra aumenta, torna-se discutível optar por exclusividade.

Historicamente a análise da evolução das diversas modalidades de distribuição conduz à conclusão de que a exclusividade tende a dar lugar à seletividade, como é o caso dos concessionários de automóveis. Esse fato decorre da evolução das diferentes regras de mercado pela diferente percepção de utilidade pelo consumidor. Atualmente, cada vez mais a noção de produto aumentado é tida em consideração, com a agregação de outras dimensões, nomeadamente do serviço. Com a crescente globalização empresarial, a diferente visão dos produtos (produto aumentado) pelos consumidores só se tornará efetiva se acompanhada por um sistema compatível de distribuição.

Em contraponto, o alargamento muito rápido dos mercados e a falta de adaptação em tempo hábil dos sistemas de distribuição, resultado de uma inércia natural e da dificuldade de mudança, própria do tipo dos sistemas de distribuição, levam os gestores a optarem por sistemas de distribuição flexíveis e com poder concentrado.

- **Flexível** para que se possa adaptar sem grandes custos às condições emergentes e em constante mudança, de modo a se adotarem políticas em consonância com as grandes estratégias empresariais definidas pelo produtor.
- **Com poder concentrado**, em um dos patamares do canal, ou mesmo no próprio produtor, de modo a conseguir minimizar/controlar os conflitos e obter um controle sobre o canal, não só em termos de orientação estratégica mas também em termos de produto para conseguir maximizar as utilidades de tempo, lugar e posse.

O perigo de um canal menos controlado em mercados de alargamento súbito, como é o caso da União Europeia, desemboca no aumento dos chamados **mercados cinzentos**, mercados estes que deveriam estar abrangidos por proteções especiais, nomeadamente distribuições seletivas ou extensivas, mas que por força do alargamento do mercado ou pela prática de procedimentos comerciais menos transparentes, não concretizam aquelas proteções.

Tome-se por exemplo o caso de uma marca de eletrodomésticos vendida em Portugal, em regime de exclusividade, por seu representante/distribuidor, que tem estratégia e política próprias. Uma situação possível é outro negociante comprar os produtos da marca diretamente de um distribuidor de outro país da Comunidade, cuja política de preços lhe permita vender esses mesmos equipamentos com preço mais baixo do que o do distribuidor oficial.

Esse tipo de caso, que se integra ao chamado **mercado cinzento**, contribui para um aumento de conflitualidade no nível dos canais de distribuição, o que pode ser regulado ao aumentar o controle no referido canal.

Mercados cinzentos ou *gray markets*, ainda chamados de importações paralelas, são aqueles em que todos os produtos autênticos, legítimos e de marca registrada, produzidos e comercializados no exterior, são importados por canais não oficiais.

Os produtos comercializados nesses canais não entram nos mercados pelas vias desejadas e controladas pelos produtores.

Os grandes beneficiários no caso são os consumidores, que pagam preços mais baixos pelos mesmos produtos, e os distribuidores, com políticas de discount, com quem alguns atacadistas não querem ou estão contratualmente impedidos de negociar.

7.4.4 Modalidades de internacionalização de varejo

Um dos aspectos mais salientes que podem levar ao entendimento do processo de "internacionalização" do varejo é o entendimento sobre a tendência da distribuição, ao prever que o distribuidor de amanhã será também uma marca. Uma marca é bem mais forte que uma bandeira (por exemplo: Pão de Açúcar, Carrefour).

Ao se tornar uma marca, a loja passa de local para satisfação de necessidades (bandeira) a um local "desejo de visitar", construindo um elo forte com seus clientes e assegurando a coerência na relação multiformato e multicanal. Por exemplo, a evolução do Carrefour (bandeira) para a marca Carrefour Bairro.

Quando um cliente vai a uma loja e encontra determinada camiseta da marca desejada, sente que esse será o meio de melhor satisfazer à sua necessidade. A loja pode ser multimarcas ou mesmo uma loja exclusiva da marca (uma camisa Lacoste pode ser adquirida em uma loja multimarca ou em uma loja Lacoste). Nesse caso, deduzimos que a marca controlou o desejo de satisfazer à necessidade.

> **Formato de uma loja** é a forma como ela se apresenta aos seus clientes, consequência do sortimento, dos preços praticados e do nível de serviço, ou seja, os elementos físicos e estruturais, o estoque e o nível de preços que caracterizam a loja, contribuindo para a criação de sua imagem na mente dos consumidores.

Mas se o mesmo cliente se desloca a uma loja que primordialmente vende produtos com marca própria (por exemplo, H&M ou Zara) para comprar uma camiseta, então será a loja que controla o desejo de satisfazer àquela necessidade dele. A bandeira transforma-se em marca quando inspira nos consumidores confiança.

O fenômeno da internacionalização do varejo pode ser impulsionado pelas economias de escala resultantes do processo de internacionalização das marcas ou pela cedência condicional de metodologias mercadológicas únicas.

As modalidades mais comuns de internacionalização de varejo são a expansão corporativa de forma individualizada, como é o caso do grupo Inditex, em joint venture, ou ainda por meio de franquias, nesse caso mais comum entre empresas que já optam por essa forma de expansão nos mercados domésticos.

Para sistematização, podemos classificar os processos de internacionalização em:

- *hard internacionalization*: a empresa desloca ativos intangíveis e investe massivamente no exterior. Caso da expansão de redes de supermercadistas;
- *soft internacionalization*: a empresa desloca ativos intangíveis, mas investe moderadamente no exterior e, nesse caso, pode somente alienar seu processo mercadológico, como nas franquias internacionais,

ou juntar esse ativo a uma obrigatoriedade de importação de bens, como acontece com O Boticário.

No Brasil, são exemplos de *hard internationalization* a expansão na Europa – Portugal e Espanha – do grupo Pão de Açúcar, nos anos de 1970, e de *soft internationalization* a abertura de franquias de O Boticário ou do Amor aos Pedaços.

Em processos de expansão internacional alavancados por economias de escala, como é o caso da expansão das lojas Walmart e Carrefour, os investimentos são maiores e a adaptação aos mercados é morosa, o que contribui para uma baixa rentabilidade do negócio no período de lançamento e resulta em abandono de mercado, como foi o caso do investimento da empresa portuguesa Sonae nos supermercados BIG.

Como analisamos, a internacionalização do varejo torna-se mais viável se estiver baseada em marcas e não nas bandeiras. A marca pode ser objeto de franquia, como é o caso do Supermercado Dia, que foi criado na Espanha e hoje tem mais de 2.800 lojas franqueadas no mundo em três continentes (América do Sul, Europa e Ásia). Outros exemplos de internacionalização de marcas são o caso da empresa sueca H&M, da Uniqlo e da Forever 21, esta já implantada no Brasil.

ESTUDO DE CASO

Pirataria e mercado paralelo

José Manuel Meireles de Sousa

O aumento de renda das classes menos favorecidas economicamente e as políticas de desenvolvimento focadas no consumo têm alavancado o crescimento do varejo brasileiro, que tem se beneficiado consideravelmente com essa inserção de "novos consumidores" em seus mercados. A versão 2012 da pesquisa O Observador, realizada pela financeira Cetelem em conjunto com a empresa de pesquisas Ipsos, concluiu que, entre 2010 e 2011, 2,7 milhões de brasileiros deixaram as classes D e E e ingressaram na classe C, que teve um crescimento de renda média, nesse período, de 50%.

Por outro lado, a concorrência se intensifica em decorrência da conjugação da crescente liberalização de mercados com a valorização do real. Tal fato aumenta a vulnerabilidade das empresas, que são obrigadas a encurtar margens ou aumentar eficiência para competirem com importações de baixo custo. As sucessivas intervenções governamentais, com a criação de medidas protecionistas relacionadas à importação e aplicadas de forma setorial, raramente contribuem para o desenvolvimento das empresas e frequentemente inibem seus processos de inovação, enfraquecendo-as. Prova dessa ineficácia é o constante aumento de importações, como é o caso dos setores têxtil, coureiro e calçadista, que, entre 2002 e 2011, viu crescer significativamente suas importações passando de US$ 845 milhões em 2002 para US$ 6,4 bilhões em 2011.

O aumento de consumo e, consequentemente, o das importações, gera o aparecimento de novos formatos de negócios, novos produtos e novas marcas, dando ainda espaço a novas práticas comerciais, nem sempre lícitas. Além da concorrência com produtos de preços mais competitivos, as empresas de varejo, sobretudo as que vendem produtos de grife, são confrontadas com a proliferação da pirataria e da concorrência de canais de venda paralela.

Os conceitos

A falta de uniformidade na conceituação dos termos "produto pirata" e "mercado paralelo" (também conhecido pela expressão em inglês, *Grey market*"), pode levar as empresas a ações pouco eficazes que se refletem nas políticas comerciais do varejo. Por isso, vale definir os termos a fim de contextualizar adequadamente as ideias.

Produto pirata (o que é diferente de falsificação de produto) é um ilícito previsto pela legislação, definido no artigo 5, do inciso VII, da lei n. 9.610 de 1998 e significa "reprodução de uma obra não autorizada". Ou seja, são produtos idênticos aos "originais", porém comercializados sem autorização de quem os idealizou. Incluem-se, nesse caso, cópias de produtos fonográficos, vestuário, acessórios etc. Já os produtos falsificados são aparentemente iguais aos originais, porém, com atributos que os diferenciam, como é o caso da comercialização de réplicas de relógios. A pirataria refere-se ao direito autoral, já a falsificação tem conexão com o produto e, na maioria das vezes, com a utilização abusiva de marca registrada.

Mercado paralelo é a comercialização de produtos por canais de distribuição legais, mas não oficiais, e que podem ser autorizados ou não pelos fabricantes, como é o caso de artigos comprados no exterior em armazéns de revenda e importados legalmente a preços inferiores aos praticados nos mercados internos. Pirataria e mercado paralelo são duas situações diferentes e com diferentes padrões de procedimento, mas com um objetivo comum: concorrer com o varejo pela oferta de produtos iguais ou semelhantes e mais baratos.

As causas

Tanto os artigos piratas como os do mercado paralelo normalmente têm como alvo os produtos de marca registrada e alta notoriedade. Enquanto a pirataria é uma evidente ilegalidade, o mercado paralelo (*Grey market*) pode suscitar algumas reflexões. Assim, se um cidadão brasileiro importar um aparelho eletrônico de um site renomado pagando todos os direitos aduaneiros e que lhe custe menos que a compra no mercado interno, essa será uma operação em um mercado paralelo e o comprador estará atuando dentro da lei. Já a comercialização no mercado interno de produtos importados por canais paralelos poderá ser contestada, pois nos termos do inciso III do artigo 132 da Lei n. 9.279 de 14 de maio de 1996, que regula direitos e obrigações relativos à propriedade industrial, a circulação de mercadorias no território nacional com marca registrada deve ser consentida pelo titular da marca, somente pessoas de direito privado podem requerer registro de marca, relativo à atividade que exerçam efetiva e licitamente, de modo direto ou por meio de empresas que controlem direta ou indiretamente, pelo que deverá ser o autor proprietário da marca a requerer esse registro, o que condiciona a comercialização por terceiros de produtos importados com marca registrada, mas não a importação legal por consumidores finais. Dessa forma, o *Grey market* ou mercado paralelo é limitado na comercialização interna, que deve ser consentida pelo agente que detém o registro da marca ou da patente.

Os efeitos

Enquanto atividade legal, o mercado paralelo é da exclusiva responsabilidade do fabricante. Segundo o princípio de adiamento e especulação proposto pelo norte-americano Louis P. Bucklin, publicado no livro *Canais de marketing e distribuição*, de Louis Stern e Adel El-Ansary, empresas produtoras que controlarem seus produtos, ao longo dos canais de distribuição, até serem comprados pelos consumidores, aumentam a sua eficiência; já aquelas que vendem seus produtos a intermediários, sem se preocuparem com os mercados em que efetivamente esses produtos serão comercializados, correm risco de concorrer com produtos idênticos, mas com preços mais baixos. Assim, conclui-se que se empresas produtoras controlarem o canal de distribuição, incluindo o varejo que comercializa seus produtos, não haverá a prática de mercados paralelos. Diante disso, é possível deduzir que mercados paralelos são ocasionados pela falta de controle dos fabricantes sobre seus produtos e são alavancados por estratégias de distribuição mal concebidas, por margens de comercialização desiguais, ou mesmo, pelo prestígio de marcas, estimulado pelo crescente acesso à informação e ao comércio eletrônico. Parcerias estratégicas entre membros do canal de distribuição ou publicidade para atrair consumidores ao varejo podem atenuar esta situação. Já a pirataria é impulsionada pela terceirização das produções. Nesse tipo de processo, as empresas nem sempre avaliam a integridade das empresas terceirizadas e são os custos que prevalecem na decisão de terceirizar; muitas empresas terceirizadas tendem a compensar os baixos preços cobrados pela produção com práticas ilegais de comercialização, produzindo artigos idênticos (piratas) que comercializam sem pagamento de direitos autorais. A prática não se limita a empresas terceirizadas e estende-se igualmente a produções clandestinas, normalmente situadas em países de baixo custo de mão de obra. A necessidade de especialização do trabalho tem contribuído para o desenvolvimento de práticas de terceirização e o aumento da complexidade dos canais de distribuição, caracterizando o controle dos produtos ao longo das cadeias de distribuição como elemento crítico na concepção das estratégias de produção e comercialização.

Conclusão

A abertura de mercados gerou nas empresas a necessidade de inovar suas práticas comerciais. No atual ambiente de negócios, as empresas devem incorporar no seu planejamento, além dos fatores previsíveis, outros imprevisíveis (ou como o economista norte-americano Michael Porter designa no seu modelo Diamante, "fatores de acaso").

O livre comércio traz várias vantagens, sobretudo aos consumidores, pelo aumento de concorrência que leva à superação das empresas, oferecendo serviços de melhor qualidade e praticando margens mais acessíveis. Mas como tudo que se torna livre se torna mais cobiçado, surgem então novas práticas comerciais alternativas que podem desalinhar estratégias empresariais predefinidas, como é o caso da pirataria, responsabilidade das polícias quando não protegem direitos de propriedade intelectual, e dos mercados paralelos, responsabilidade dos fabricantes que não controlam eficientemente a comercialização de seus produtos. Contrariamente à luta contra a pirataria, que depende majoritariamente da fiscalização e do policiamento nas alfândegas e nas rodovias, a prática de mercados paralelos, responsabilidade dos produtores, mas com consequência no desempenho das empresas de varejo, pode ter seus efeitos minimizados se o varejo oferecer serviços que o tornem especial aos olhos dos consumidores e formar sólidas parcerias com fornecedores.

Fonte: SOUSA, J. M. M. Pirataria e mercado paralelo. *View*. Disponível em: <http://revistaview.com.br/sucesso/dicas-estrategias-provar?edition=130>. Acesso em: set. 2016.

VAMOS TESTAR SEUS CONHECIMENTOS?

1 Para falar de canais de distribuição internacionais, deve-se analisar todo o sistema de distribuição que é implementado pelas empresas quando elas se internacionalizam. Qual a importância dessa medida?

2 "Na ordem econômica atual, as empresas devem pensar que o *seu* mercado não tem mais os limites de outrora. As fronteiras passaram a confundir-se com os limites das civilizações. Sempre que quisermos considerar como nosso mercado determinado espaço geográfico, as únicas condicionantes a tal desiderato são nossa arte e nosso engenho." Qual a ligação da afirmativa com o advento da globalização?

3 As novas regras de sobrevivência nos mercados têm sido progressivamente assimiladas pelas empresas desde que pela primeira vez em 1983 Theodore Levitt lançou a expressão *global marketing*. Explique o que ela significa com suas próprias palavras.

4 A estrutura dos canais de distribuição internacionais pode variar desde canais diretos, do produtor ao consumidor, até canais mais longos. Quais as características dos canais mais longos?

5 O projeto dos canais em mercados internacionais pode e deve ser determinado por fatores externos condicionantes e também por fatores internos controláveis pela empresa. Cite dez desses fatores e explique quatro deles.

6 "Atualmente qualquer empresa, num dado momento de sua vida, terá necessidade de contratar uma empresa de outro país." Você está de acordo com essa afirmativa? Justifique sua resposta.

Tipologia dos intermediários

APRESENTAÇÃO

No processo de gerenciamento empresarial, a distribuição é uma decisão de elevada implicação; como já destacamos, uma vez ajustada a modalidade, é um processo oneroso para qualquer empresa reverter essa decisão. Entender a evolução da distribuição permite às empresas aumentar a assertividade no processo de tomada de decisão quando pretende implantar ou modificar o sistema de distribuição de seus produtos.

OBJETIVOS

Ao final deste capítulo, você conseguirá identificar os principais aspectos que devem ser levados em consideração no processo de decisão sobre a implantação de modalidades de distribuição.

8.1 A TIPOLOGIA DOS INTERMEDIÁRIOS

Estudar a evolução da distribuição do setor em que a empresa está inserida é hoje em dia atividade indispensável de qualquer analista. Com efeito, qualquer planejamento empresarial passará por uma análise desse processo. Isso deverá levar em conta os seguintes aspectos:

- estudo das previsíveis alterações ambientais;
- estrutura dos intermediários que compõem os canais de distribuição;
- aspectos tipológicos que caracterizam os formatos de varejo presentes no setor;
- fatores internos que condicionam a evolução;
- grau de inserção do setor no mercado global;
- necessidade de eventuais adaptações da cultura empresarial.

A cultura empresarial, definida como as normas e os valores prevalecentes na empresa, é determinada por uma série de fatores, e os mais importantes são: a língua, as atitudes políticas, a legislação, as atitudes sociais e os valores, a educação e a religião. Mole[1] sugere que a análise do comportamento organizacional seja realizada com base nos elementos que compõem o triângulo da cultura: comunicação, organização e liderança, para deste modo tipificar as empresas de acordo com a cultura prevalecente.

---

1. MOLE, J. *Mind your manners*. London: Nicholas Brealey Publishing, 1995.

> § **Norma:** reflete-se no comportamento das pessoas na organização e diz respeito a tudo o que é correto ou incorreto.
> § **Valores:** refere-se ao que é bom ou mau de acordo com as prioridades definidas pela organização.

A **comunicação** aglutina não só os aspectos linguísticos mas também todos os comportamentos não verbais e todas as atividades simbólicas que, de algum modo, contribuam para manter as expectativas nos colaboradores da empresa.

A **organização** é um conjunto de valores assumidos pelos indivíduos que reflete o modo como o trabalho é organizado, como são executados os planejamentos ou medidos os resultados.

A **liderança**, que também representa outra série de valores, refere-se à determinação de quem tem o poder, como ele é exercido, quem manda em quem ou ainda como são tomadas as decisões.

De acordo com esses parâmetros, as empresas varejistas podem ser tipificadas pelo grau de organização, pela comunicação que utilizam ou ainda pelo sistema de liderança que adotam.

8.1.1 Comércio tradicional

Caracterizado por uma organização informal, em que as decisões são tomadas sem atender a nenhum esquema de planejamento e são apoiadas em experiência passada, sendo exercida uma liderança individual, com hierarquia normalmente inexistente.

Como exemplo, cita-se o comércio tradicional de proximidade, normalmente exercido por empresas familiares (tipo mercearias de bairro), e todo aquele que é sobretudo atuante longe dos grandes centros de consumo. Nesses casos, os empresários aliam sua grande capacidade de trabalho a um bom conhecimento do comportamento de compra dos clientes, a quem são normalmente concedidas vantagens importantes, como, por exemplo, atendimento personalizado ou sistemas especiais de crédito.

8.1.2 Comércio em transição

É caracterizado pelo interesse de progressão manifestado pela organização, que se apresenta fortemente implantada. Normalmente existe um esboço de planejamento, a liderança continua hermética e concentrada, e a hierarquia é só aparente.

Um exemplo é o comércio tradicional de segunda geração, do tipo pequeno supermercado ou mercearia grande. Normalmente são empresas de índole familiar com poder concentrado no líder, mas onde existe alguma organização, pelo que a receptividade à inovação é maior. São empresas que procuram adaptar-se à evolução dos mercados, existindo ainda algum espaço para o associativismo e receptividade para aprendizagem de novos conceitos.

8.1.3 Comércio contemporâneo

Caracterizado pela introdução de novos métodos de gestão na organização e ainda pelo perfil do empresário, normalmente sem experiência anterior no setor. O ciclo de vida dessas empresas pode não ser longo se a formação, a especialização e a adaptação dos empresários não forem adequadas; caso contrário, trata-se de empresas rentáveis onde impera uma forte motivação.

Como exemplo de vertente positiva pode-se citar o sistema de franquia, em que os empresários sofrem um processo de formação e adaptação. Pela negativa, cita-se o exemplo das lojas sem bandeira de notoriedade, mas estabelecidas nos centros comerciais resultantes de um processo de investimento que teve por finalidade a modificação do estatuto social do empresário/investidor.

8.1.4 Comércio organizado

Caracterizado pela organização formal, com uma estrutura hierárquica bem definida e liderança repartida por vários níveis orgânicos, em que são utilizadas as mais recentes técnicas de gestão.

Como exemplo, podem-se citar as empresas internacionais que operam no Brasil, as grandes empresas nacionais e algumas médias empresas de recente constituição.

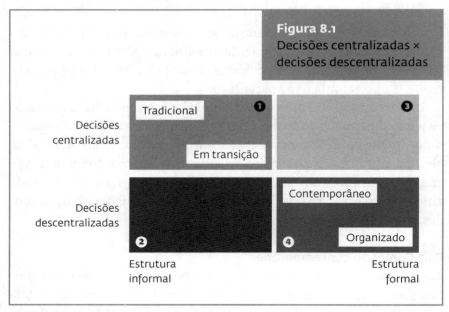

Fonte: elaborada pelos autores.

A previsão de evolução das diferentes formas de comércio tende a ser mais acertada se pensarmos em empresas que evoluem do quadrante 1 para o quadrante 3, ou do quadrante 2 para o quadrante 4, do que entre setores consecutivos. Isto é, para o empresário brasileiro torna-se mais fácil modificar sua estrutura organizacional, ainda que aparentemente, do que perder protagonismo pela descentralização das decisões.

O estudo da distribuição é somente viável se forem comparadas as diferentes tipologias dos pontos de vendas, pois quando se comparam tipos de varejo diferentes, como é o caso das lojas de bairro com supermercados, pode-se concluir de forma errada.

Por força do perfil dos empresários brasileiros que, apresentando traços de alta criatividade são sobretudo caracterizados pelo individualismo (o que se reflete na concentração das decisões e na informalidade das estruturas), a evolução do varejo de pequena e média dimensão (do quadrante 1 para o 2, ou mesmo do 3 para o 4) é normalmente conseguida por meio de soluções de continuidade nos processos de gestão, traduzidos pela reestruturação ou venda das empresas, com entrada de novos sócios ou, em alguns casos de empresas familiares, pela transmissão da gestão do negócio à nova geração.

8.2 TIPOS DE VAREJO

Como analisamos, o varejo pode ser tipificado conforme seu formato; já os consumidores, ao selecionarem um ponto de venda, levam em conta, entre outros, os seguintes aspectos:

- conveniência – horário de abertura e localização;
- reputação do ponto de venda;
- serviço pós-compra;
- valor oferecido representado pela utilidade na aquisição;
- sortimento apresentado, característico de cada formato e que pode ser sistematizado pelos critérios do Quadro 8.1;

Quadro 8.1 Dimensões do sortimento de uma loja

> **Amplitude:** número de "funções" que podem ser encontradas no ponto de venda. Por exemplo, um hipermercado terá uma grande amplitude de sortimento, pois tem grande número de seções: açougue, peixaria, bazar ligeiro, padaria, produtos matinais, adega etc.

> **Largura:** número de modelos (marcas) de determinada família de produtos apresentados aos clientes. Por exemplo, uma loja de roupa para homem tem sortimento largo quando os clientes têm a opção de escolha entre diversos tipos de ternos, calças ou de roupa de lazer.

> **Profundidade:** número de possíveis alternativas, em cada modelo, à escolha do cliente. Por exemplo, uma loja de roupa terá um sortimento profundo se dispuser de muitas cores de um item ou ainda se o leque de números oferecido por modelo for abrangente.

Fonte: elaborado pelos autores.

- nível de serviço oferecido pelos varejistas e que pode ser classificado da seguinte forma:

Quadro 8.2 Níveis de serviço oferecidos pelos varejistas

> **Autosserviço:** base de todas as operações de desconto. Em nome da economia, muitos clientes se dispõem a procurar, comparar e selecionar produtos.

> **Seleção:** os próprios clientes encontram os produtos que querem comprar, embora possam pedir ajuda.

> **Serviço limitado:** são expostas mercadorias à venda, e os clientes precisam de mais informações sobre os produtos. As lojas oferecem serviços como crédito e possibilidade de devolução de mercadorias.
>
> **Serviço completo:** os vendedores estão dispostos a ajudar em todas as fases do processo (procura, comparação e seleção). Clientes que gostam de ser atendidos pessoalmente preferem esse tipo de loja. São lojas de alto custo em face ao alto custo com pessoal, maior número de produtos especializados e itens de menor movimento.

Fonte: adaptado de: KOTLER, 2006, p. 501.

Kotler,[2] com base nesses conceitos, tipifica o varejo conforme abaixo.

- **Lojas de especialidade**: possui linha restrita de produtos.
- **Lojas de departamento**: possui várias linhas de produtos.
- **Supermercado:** operações de autosserviço relativamente grandes, de baixo custo, baixa margem e alto volume, projetadas para atender a todas as necessidades de alimentação, higiene e limpeza doméstica.
- **Lojas de conveniência**: lojas relativamente pequenas, localizadas nas proximidades de áreas residenciais, funcionam em horários prolongados sete dias por semana e exibem uma linha limitada de produtos de conveniência de alta rotatividade, além de sanduíches, café e guloseimas.
- **Lojas de descontos (*discount*)**: possui mercadorias-padrão ou especialidades vendidas a preços baixos, com margens menores e volume maior.
- **Varejista *off-price* (de liquidação)**: possui sobras de mercadorias, pontas de estoque e produtos com defeito vendidos a preços inferiores aos de varejo.
- **Superloja:** área de vendas com grande metragem, oferece o que os consumidores costumam comprar, além de serviços como lavanderia, lavagem a seco, conserto de sapatos, troca de cheques e pagamento de contas.
- ***Showroom* de vendas por catálogo:** ampla seleção de mercadorias de preço elevado, alta rotatividade e de marcas vendidas com descontos. Os clientes retiram nas lojas a mercadoria que encomendaram por catálogo.

---

2. KOTLER, 2006, p. 501.

Lojas de especialidade

Localização
- Centro de negócios ou *shoppings*

Sortimento
- Largura muito baixa
- Profundidade alta
- Qualidade média/boa

Preço
- Competitivos ou acima da média

Ambiente/Serviços
- Nível médio a excelente

Promoção
- Moderada

Lojas de departamento

Localização
- Centro de negócios, *shopping* ou isolada

Sortimento
- Elevada largura e profundidade
- Qualidade média/boa

Preço
- Médio a "acima da média"

Ambiente/Serviços
- Bom a excelente

Promoção
- Forte (*folders*, venda direta, venda pessoal)

Supermercado convencional

Localização
- Bairro

Sortimento
- Bastante largo
- Muito profundo
- Qualidade média
- Marca própria

Preço
- Competitivos

Ambiente/Serviços
- Nível médio

Promoção
- Jornais, *flyers*, coupons

Box store (minimercado)

Localização
- Bairro

Sortimento
- Largura baixa
- Profundidade baixa
- Poucos perecíveis
- Poucas marcas nacionais

Preço
- Muito baixos

Ambiente/Serviços
- Nível baixo

Promoção
- Pouca ou nenhuma

Lojas de conveniência

Localização
- Bairro

Sortimento
- Largura média
- Profundidade baixa
- Qualidade média

Preço
- Médio/"acima da média"

Ambiente/Serviços
- Nível médio

Promoção
- Moderada

Supermercado *discount*

Localização
- Centro de negócios, *shopping* ou isolada

Sortimento
- Bastante largo e pouco profundo
- Qualidade média
- Marca própria

Preço
- Competitivos

Ambiente/Serviços
- Nível médio

Promoção
- Jornais, *price oriented*

Ponta de estoque

Localização
- Centro de negócios, *shopping* ou isolada

Sortimento
- Largura moderada e baixa profundidade
- Qualidade média/boa
- Produtos descontinuados

Preço
- Baixo

Ambiente/Serviços
- Abaixo da média

Promoção
- Jornais (especialmente de distribuição gratuita)

Outlet

Localização
- Saída de via de comércio ou região popular

Sortimento
- Largura moderada
- Baixa profundidade
- Qualidade baixa

Preço
- Muito baixos

Ambiente/Serviços
- Nível baixo

Promoção
- Pouca

▶

Clube de compras		Atacarejo	
Localização • Isolada ou região secundária	**Preço** • Muito baixos	**Localização** • Isolada ou região secundária	**Preço** • Nível baixo
Sortimento • Largura moderada e baixa profundidade • Produtos descontinuados	**Ambiente/Serviços** • Nível baixo **Promoção** • Pouca: mala direta	**Sortimento** • Bastante largo e pouco profundo • Qualidade média • Marca própria	**Ambiente/Serviços** • Nível baixo **Promoção** • Moderada

Fonte: elaborado pelos autores.

Outra metodologia de tipificação de varejo considera as variáveis: localização, preço, ambiente, serviços e promoção.

A determinação do formato do varejo permite ao analista de desenvolvimento entender a concorrência atual e a potencial, e estudar a coerência da política da empresa com o comportamento de compra dos consumidores.

8.3 TIPOS DE ATACADISTA

A tipificação dos varejistas pode ser realizada segundo vários critérios. Analistas de desenvolvimento empresarial em empresas de varejo devem observar a forma como algum tipo de varejo pode concorrer com a atividade varejista, como é o caso da formatação designada de "atacarejo", modalidade de comércio que reúne atributos específicos do atacado e do varejo, com os conceitos do livre serviço.

Tipos de atacadista

Segundo atividade ou produtos vendidos: os atacadistas são classificados conforme sua inserção nos setores em que exercem suas atividades (produtos alimentares, artigos farmacêuticos, vestuários etc.).

Segundo as relações de propriedade: podem ser independentes ou ter vínculos de propriedade com outros membros do canal, como é o caso de estruturas empresariais integradas verticalmente, do tipo franchising.

Segundo a localização: podem ser classificados pela posição relativa no curso do canal de marketing: na origem, dentro do canal ou no destino.

Segundo a forma de desenvolver a atividade: podem ser classificados pela diversidade dos serviços prestados.

> **Segundo a transmissão da propriedade das mercadorias:** nesse caso, transmitem a propriedade de mercadorias ou intermedeiam a venda sem transmissão de propriedade, como é o caso dos "brokers de mercadorias", que se limitam a pôr em contato comprador e vendedor.

8.4 TENDÊNCIAS DA DISTRIBUIÇÃO

Para efetuar uma previsão sobre a evolução da distribuição por meio de uma análise das tendências, deve-se refletir sobre as várias teorias que procuram, com base na criação de modelos, explicar quais as possíveis evoluções futuras, além de analisar e interpretar criticamente as diferentes opiniões de peritos envolvidos no processo, tendo em vista a realidade de cada mercado. Após a conjugação desses aspectos, é possível aos analistas preverem, com alguma margem de segurança, as tendências futuras de distribuição no mercado em análise.

8.4.1 Aspectos teóricos da distribuição

Essa questão pode ser analisada com base nos modelos: roda do comércio varejista e ciclo de vida do comércio varejista.

8.4.1.1 Roda do comércio varejista

Proposta inicialmente em 1958 por McNair, foi formalizada por Hollander[3] em 1960. Foi a primeira teoria que se debruçou sobre as transformações por que passa o comércio varejista, abordando a inserção e o desenvolvimento de novos empreendimentos varejistas.

Segundo essa teoria, um novo varejista entra no mercado com preços e margens baixas quando os custos iniciais operacionais são em regra baixos. Assim, ele consegue implantar-se num determinado local.

À medida que o tempo passa, começa a melhorar suas instalações e a oferecer produtos de melhor qualidade, assim como melhores serviços; dessa maneira aumenta os custos de exploração e tem de subir seus preços de venda, logo passa a ser menos competitivo. O vazio que deixa no mercado será ocupado por outro varejista, que passará pelo mesmo processo, e assim sucessivamente.

---

3. HOLLANDER, S. The wheel of retailing. *Journal of Marketing*, v. 24, p. 37-42, Jul. 1960, apud SOUSA, 2000, p. 123.

Essa é a regra geral, confirmada por algumas exceções, visto que nem todos os varejistas, ao fornecerem um maior número de serviços, aumentam seus preços de venda. Pelo contrário, ao melhorarem o serviço ou aumentarem o sortido, podem ampliar sua dimensão, originando economias de escala e podendo teoricamente manter os preços.

8.4.1.2 Ciclo de vida do comércio varejista

Por analogia com o conteúdo já estudado sobre o produto, o conceito de "ciclo de vida do comércio varejista" explica a evolução das diversas formas desse setor de atividade. Assim podemos considerar as seguintes etapas do ciclo de vida.

Inovação
O aparecimento de uma nova forma de comércio é sempre devido a alguma inovação, como, por exemplo, uma oferta de menores preços, aumento do sortido, localização ou qualquer outra vantagem competitiva.

Desenvolvimento acelerado
Nessa etapam as vendas crescem rapidamente. Os lucros são elevados e, a princípio, são reinvestidos para cumprir os planos de expansão previstos. Nessa fase "nascem" os supermercados e alguns hipermercados. Também aparecem as franquias e os centros comerciais.

Maturidade
Nessa fase produz-se uma estabilização do mercado. Começam a surgir problemas na organização por excesso de capacidade e aumento de custos. Simultaneamente aparecem novas formas de comércio, que competem com maiores vantagens. Os grandes armazéns são tipos de comércio que estão presentemente em fase de maturidade.

Declínio
As vendas e os lucros começam a cair e as empresas mais fracas desaparecem. Alguns varejistas começam a adaptar-se a novas formas de comércio. Por exemplo, a conversão de alguns pontos de venda em autosserviço ou franquia.

Os fatores determinantes para a duração de cada uma dessas fases têm a ver com o aparecimento de novos sistemas inovadores de comércio.

8.4.2 Opinião de peritos e responsáveis pela distribuição

De outra forma, tendências da distribuição podem ser analisadas com base nas conclusões de peritos e especialistas na área da distribuição.

Resumindo algumas tendências sobre a evolução da distribuição observadas e publicadas, pode-se dizer que elas apontam as direções evolutivas a seguir.

- **Novos formatos e combinações de varejo:** é o caso de livrarias com cafeterias, supermercados com agências bancárias, lojas temporárias em *shoppings*, "atacarejo", que é uma loja que vende simultaneamente por atacado e ao consumidor final.
- **Consolidação do e-commerce B2B:** embora o desenvolvimento do comércio B2C seja uma realidade, as empresas e órgãos públicos utilizam cada vez mais sites B2B de leilões, catálogo de produtos on-line e outros recursos da internet para obterem melhores condições de compra.
- **Crescimento da concorrência entre varejo de diferentes formatos:** lojas de desconto, hipermercados, clubes de atacadistas e internet competem pelos mesmos consumidores.
- **Concentração do varejo em grandes corporações:** aproveitando sinergias logísticas e administrativas, e com o avanço das novas tecnologias de informação e comunicação, o varejo concentra-se em megaempresas, com alto poder de negociação e custos reduzidos pela escala de compras.
- **Declínio de varejistas de segmento médio:** com o declínio da classe média, o varejo de luxo tende a crescer, assim como o varejo do tipo discount, reduzindo o espaço de atuação do varejo direcionado à classe média.
- **Crescimento das novas seções** tais como alimentação dietética, produtos orgânicos, produtos de comércio justo e solidário, informática especializada e **ressurgimento de serviços** como a entrega em domicílio.
- **Presença global dos grandes varejistas:** varejistas com formatos exclusivos e forte posicionamento de marca estão cada vez mais penetrando em outros países.
- **Crescente investimento em tecnologia:** observa-se o desenvolvimento de novas tecnologias de suporte ao controle de estoques (por exemplo, as etiquetas inteligentes *radio frequency identification* – RFID),

que, além de assegurarem um controle de estoques mais eficiente, tornam a atividade de compra mais prazerosa.

8.4.3 As novas configurações

No futuro, os novos negócios dependerão menos da capacidade financeira do varejista e mais da escolha da localização da loja. Na realização dos planos de desenvolvimento, novas questões estão em discussão, e novos caminhos deverão ser percorridos.

Quadro 8.3 Evolução da configuração do varejo

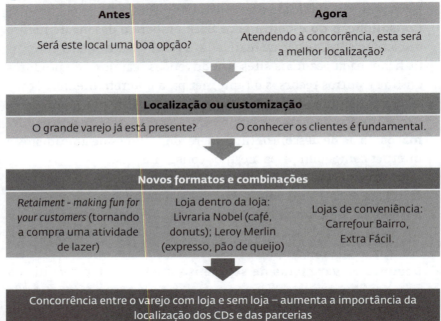

Fonte: elaborado pelos autores.

8.4.4 O novo cenário de compras

Na atualidade, o consumidor é multicanal e *cross channel*, ou seja, compra em diversos canais no momento que for mais conveniente e prático para ele e pode cruzar compras em ambientes físicos e virtuais. Fazem parte desse contexto as lojas físicas, a venda porta a porta, o e-commerce, o *mobile commerce*, o *TV commerce*, o *social commerce* etc., ou seja, para cada empresa não existe somente um canal de compras, mas vários canais que são eleitos pelo cliente.

Nesse contexto de integração e de aproximação ao consumidor dos diferentes canais de distribuição, surge o conceito de canal universal ou simplesmente "*omnichannel*".

O conceito de *omnichannel* é completamente centrado no cliente. Não há diferença entre lojas físicas e virtuais; o cliente pode testar o produto em uma loja física e comprá-lo pela internet ou estudá-lo na loja virtual e comprá-lo na loja física. O canal de comunicação torna-se canal de venda e o canal de venda, canal de comunicação.

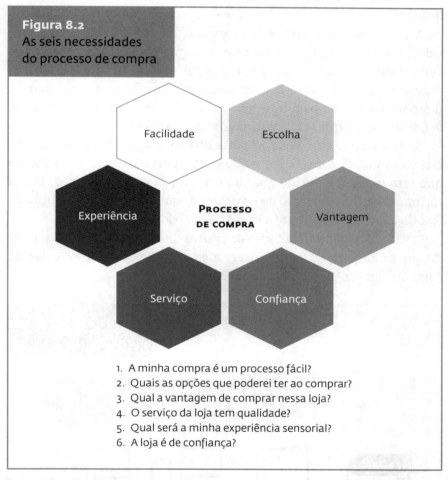

Figura 8.2
As seis necessidades do processo de compra

1. A minha compra é um processo fácil?
2. Quais as opções que poderei ter ao comprar?
3. Qual a vantagem de comprar nessa loja?
4. O serviço da loja tem qualidade?
5. Qual será a minha experiência sensorial?
6. A loja é de confiança?

Fonte: elaborada pelos autores.

Tradicionalmente os varejistas utilizam um único canal de venda, como é o caso das redes de lojas. Todos os outros pontos de contato com o cliente – *folders*, sites e *contact center* – eram somente canais de comunicação. Com o rápido crescimento do e-commerce, muitos varejistas lançaram lojas virtuais. Mais recentemente o *mobile commerce* (uso de dispositivos móveis para compras na *web*) vem ganhando um espaço importante. É uma realidade que lojas físicas e esses canais digitais operam separadamente na forma de multicanal.

O cliente, ao considerar todos os canais como pertencentes a uma só empresa, com marca única, impõe sua integração, e o varejo procura transmitir a ele uma imagem coerente da loja virtual e do ponto de venda físico.

A distinção entre canais de comunicação e de venda perde o sentido, pois o site e os outros canais de comunicação tornam-se canais de venda; simultaneamente, vários clientes utilizam a loja física como *showroom*, isto é, canal de comunicação, para a seguir encomendarem o produto desejado pela internet. A integração de todos os canais de venda e de comunicação é designada de *cross channel*.

A ideia de que o *cross channel* parte do varejo e que dessa forma controla a interação com o cliente não é real, pois atualmente é o cliente que tem o poder e decide quando utiliza um ou outro canal. Dessa forma, chegamos à noção de *omnichannel*, que não é mais que uma filosofia centrada no cliente e não na loja física.

O varejo disponibiliza todos os pontos de contato, assegurando-se de que estão perfeitamente integrados, e deixa que o cliente decida como utilizá-los para efetuar suas compras.

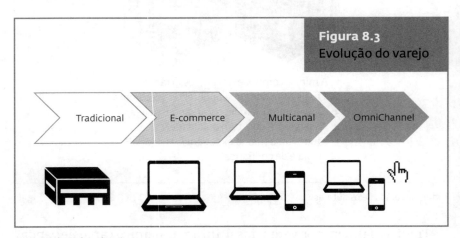

Figura 8.3 Evolução do varejo

Fonte: elaborada pelos autores.

8.4.5 Consumidores e lojas

1º Consumidores compram em lojas físicas.
2º Consumidores compram on-line via sites de e-commerce.
3º Consumidores compram via múltiplos canais.
4º Consumidores envolvem-se no processo de compras em qualquer local por meio do *omnichannel*.

> **Era do *omnichannel* muda relação entre empresas e clientes**
>
> Consumidor quer ser atendido pelas marcas em múltiplos canais e ter a mesma experiência.

O novo consumidor, também chamado de neoconsumidor, é imediatista, ativo e exigente. Ele quer se relacionar com as marcas em múltiplos canais e ter a mesma experiência em todos eles. O novo comportamento influencia as empresas a investirem mais em tecnologia e a buscarem a integração entre todas as áreas, promovendo o chamado *omnichannel*. O risco para as organizações que não se adaptam é a perda massiva de clientes.

O consumidor mudou a forma de se relacionar com as empresas e tem obrigado o mercado a se transformar no mesmo ritmo. Antes de o acesso às novas tecnologias ser comum, as informações sobre as marcas e os produtos chegavam ao público de forma escassa e quase sempre por apenas um tipo de fonte: a própria empresa. Os consumidores não questionavam as promessas e os benefícios divulgados e não tinham uma visão mais ampla sobre a opinião de outros compradores.

Graças às possibilidades da internet, as pessoas não são mais apenas receptoras de informações e sim emissoras, que comentam dados e criam seus próprios conteúdos em fóruns, *blogs* e redes sociais. Devido a isso, são mais conscientes de seu poder de escolha e influência. Pesquisam sobre produtos antes de adquiri-los e divulgam suas insatisfações por meio de vídeos, fotos e depoimentos escritos. Quando algum conteúdo as surpreende, também não pensam duas vezes antes de compartilhá-lo e comentar com conhecidos.

O ato de consumir tornou-se uma atividade fácil, mas ao mesmo tempo o comprador ficou mais desconfiado e exigente, acessa informações globais por meio de diferentes ferramentas digitais, estando sempre bem informado. Dessa forma, sua principal característica é o comportamento digital, multicanal e global. Apesar de o perfil resumir bem as novas gerações, não está restrito a uma faixa etária específica ou a determinada condição financeira.

A *web* não é mais um privilégio de poucos – sendo totalmente disseminado o uso – e os dispositivos móveis são capazes de acessá-la cada vez mais rapidamente e em qualquer lugar, inclusive dentro dos estabelecimentos. Todo esse cenário é propício para o surgimento do consumidor "*showroomer*", que vai até as lojas físicas e lá compara os preços e outras características com as mercadorias da concorrência por meio de seus *smartphones*. Um estudo da IBM mostra que 6% dos consumidores podem ser classificados nessa categoria.

Além disso, é cada vez mais comum a figura do "*xtreme shopper*", aquele que, segundo a pesquisa Future Buy, desenvolvida pela GFK,[4] compara preços, usa cupons de descontos e busca detalhes sobre o item desejado em diferentes canais. Esse tipo de consumidor representa 15% dos compradores on-line no Brasil e é mais comum na Ásia e no Pacífico, com 51%. A decisão por um item pode mudar rapidamente dependendo do retorno dessas pesquisas e da interação com a marca. Isso mostra que o poder deixou de estar centrado nas mãos das organizações e que agora os consumidores ditam as regras.

---

4. GFK. *Future Buy*. Disponível em: <http://www.gfk.com/fileadmin/user_upload/dyna_content/US/documents/GfK_FutureBuy_2015_US_Market_Highlights_Shopper_Feb2016.pdf>. Acesso em: out. 2016.

VAMOS TESTAR SEUS CONHECIMENTOS?

1 A cultura empresarial, definida como as normas e os valores prevalecentes na empresa, é determinada por uma série de fatores. Cite alguns desses fatores.

2 "É caracterizado por uma organização informal, em que as decisões são tomadas sem atender a nenhum esquema de planejamento e são apoiadas na experiência passada, sendo exercida uma liderança individual, com hierarquia normalmente inexistente." A qual tipo de comércio a afirmativa se refere?

3 "É caracterizado pela vontade de progressão refletida na organização que se apresenta fortemente implantada. Normalmente existe um esboço de planejamento, a liderança continua hermética e concentrada, e a hierarquia é só aparente." A afirmativa se refere a qual tipo de comércio contemporâneo?

4 "É caracterizado pela vontade de progressão refletida na organização que se apresenta fortemente implantada. Normalmente existe um esboço de planejamento, a liderança continua hermética e concentrada, e a hierarquia é só aparente." A qual tipo de comércio a afirmativa se refere?

5 "Foi a primeira teoria que se debruçou sobre as transformações por que passa o comércio varejista. Proposta inicialmente em 1958 por McNair, foi formalizada por Hollander em 1960." A afirmativa se refere a qual teoria?

6 O ciclo de vida do comércio varejista explica o surgimento e o desaparecimento de várias formas de comércio varejista. Descreva as etapas do ciclo de vida do comércio varejista e identifique o estágio em que se encontram respectivamente as modalidades "supermercado"; "e-commerce"; "mercadinho de bairro". Justifique a sua resposta

CONSIDERAÇÕES FINAIS

A geração de valor por meio da distribuição tem aumentado a importância desta no contexto da competitividade empresarial, sobretudo devido à presença de maior número de empresas atuando em mercados de elevado crescimento e estabilidade, como é o caso do mercado brasileiro.

Com o aumento da concorrência, os consumidores ganham poder e modificam padrões de compra, exigindo ao varejo mais serviços e maior conveniência, o que leva as empresas a inovarem processos e aproximarem-se do mercado consumidor; já não é possível a nenhuma empresa impor um sistema de distribuição sem interpretar os desejos do consumidor.

Também os produtos, preços e mesmo propagandas podem ser rapidamente alterados, ao passo que as decisões sobre mudanças na distribuição se processam mais lentamente, pois modificações em canais de marketing, além de onerosas, demoram a ser implantadas. Uma análise objetiva e profunda dos aspectos ambientais torna-se imprescindível às empresas que pretendem maximizar resultados pela implantação ou alteração de canais de marketing.

Ao gerenciar a distribuição, os executivos devem levar em conta a relação de poder existente no canal, ou seja, quem controla o canal. O objetivo de qualquer empresa é controlar seu canal com o consumidor, mas a maioria delas não conhece seus consumidores nem controla seus produtos até que cheguem ao mercado, o que enfraquece sua posição. Estabelecer parcerias entre membros do canal aumenta a rentabilidade de todos e diminui a conflitualidade que prejudica o desempenho.

Finalmente, para otimizar a contribuição da distribuição na maximização dos resultados empresariais, é imperativo o entendimento do ponto de venda e da forma como espaços e tempos são gerenciados. O conhecimento de técnicas de merchandising permite aos produtores, em parceria com atacadistas e varejistas, aumentar a rotatividade dos produtos no ponto de venda e consequentemente a rentabilidade conjunta.

Referências

AAKER, D. A. *Construindo marcas fortes*. Porto Alegre: Bookman, 2007.

ANDERSON, C. *Free*: o futuro dos preços. Rio de Janeiro: Elsevier, 2009.

ARANTES, A. C. A. et al. *Administração mercadológica*: princípios e métodos. 2. ed. Rio de Janeiro: Fundação Getulio Vargas, 1975.

ARIELY, D. *Previsivelmente irracional*. Rio de Janeiro: Elsevier, 2008.

ASPINWALL, 1962, apud COBRA, M.; BREZZO, R. *O novo marketing*. Rio de Janeiro: Elsiever, 2009. p. 24.

BARTELS, R. Can marketing be a science? *Journal of Marketing*, p. 319-328, 15 Jan. 1951.

_____. Influences on the development of marketing thought 1900-1923. *Journal of Marketing*, n. 16, p. 1-17, 1951.

_____ *El desarrollo del pensamiento en mercadotecnia*. México: Compañía Editorial Continental, 1964.

_____. *The history of marketing thought*. Ohio: Grid, 1976.

BERGER, J. *Contágio*: por que as coisas pegam. São Paulo: Leya, 2014.

BLESSA, R. *Merchandising no ponto de venda*. 4. ed. São Paulo: Atlas, 2006.

BONO, E. *Pensamento lateral*. São Paulo: Nova Era, 1967.

BROWN, T. *Design thinking*: uma metodologia poderosa para decretar o fim das velhas ideias. Rio de Janeiro: Elsevier, 2010.

CAMARGO, P. C. J. *Comportamento do consumidor*. São Paulo: Novas Ideias, 2010.

_____. *Compro sim!* Mas a culpa é dos hormônios. São Paulo: Novas Ideias, 2013.

CHIAVENATO, I. *Introdução à teoria geral da administração* (edição compacta). Rio de Janeiro: Campus, 2000.

CHOPRA, S.; MEINDL, P. *Gerenciamento da cadeia de suprimentos*. São Paulo: Prentice Hall, 2003.

CHRISTAKIS, N. A.; FOWLER, J. H. *O poder das conexões*. Rio de Janeiro: Campus, 2010.

CHURCHILL G. A.; PETER, J. *Marketing*: criando valor para os clientes. São Paulo: Saraiva, 2000.

COBRA, M. *Administração de marketing*. São Paulo: Atlas, 1992.

_____. *O novo marketing*. Rio de Janeiro: Elsevier, 2009.

COLLINS C. J.; PORRAS J. I. *Feitas para durar*. Rio de Janeiro: Rocco, 1995.

CONNELLAN, T. *Nos bastidores da Disney*. São Paulo: Futura, 1998.

CONVERSE, P. D. New laws of retail gravitation. *Journal of Marketing*, p. 370-384, jan. 1949.

COUNCIL OF SUPPLY CHAIN MANAGEMENT PROFESSIONALS (CSCMP). *Supply chain management terms and glossary*. Illinois: CSCMP, 2013.

CUSICK, W. J. *Todos os clientes são irracionais*. Rio de Janeiro: Elsevier, 2011.

CZINKOTA, M.; RONKAINEN, I. *International marketing*. New York: Dryden Press, 1993.

DAVIES, R. L. *Marketing geography*: with special reference to retail. Cambridge: Retail and Planning Associates, 1976.

DOOLEY, R. *Como influenciar a mente do consumidor*. Rio de Janeiro: Elsevier, 2012.

DRUCKER, P. F. *Prática da administração de empresas*. Rio de Janeiro: Editora Fundo de Cultura,1962.

DUCROCQ, C. *Distribution*: inventer le commerce de demain. Paris: Pearson, 2012.

FADY, A. et al. *Merchandising*. 7. ed. Paris: Vuibert, 2012.

FRENCH, J. R.; RAVEN, B. H. *Studies of social power*. Michigan: University of Michigan Press, 1959.

GADE, C. *Psicologia do consumidor e da propaganda*. São Paulo: EPU, 1998.

GLADWELL, M. *Blink*: a decisão num piscar de olhos. Rio de Janeiro: Rocco, 2005.

_____. *O ponto da virada*. São Paulo: Sextante, 2009.

GODIN, S. *Marketing de permissão*. Rio de Janeiro: Campus, 2000.

_____. *Marketing de ideia vírus*. Rio de Janeiro: Campus, 2001.

_____. *A vaca roxa*. Rio de Janeiro, Elsevier, 2003.

GRAVE, P. *Por dentro da mente do consumidor*. Rio de Janeiro: Elsevier, 2011.

GUILTINAN, J.; PAUL, G. *Marketing management, strategies and programs*. 4. ed. New York: McGraw-Hill, 1991.

HOBSBAWM, E. J. *A era dos impérios*. Tradução de S. M. Campos e Y. S. Toledo. Rio de Janeiro: Paz e Terra, 2002.

HOLLANDER, S. The wheel of retailing. *Journal of Marketing*, v. 24, p. 37-42, Jul. 1960.

HOLT, D. B. *Como as marcas se tornam ícones*. São Paulo: Cultrix, 2005.

HSIEH, T. *Satisfação garantida*. São Paulo: Thomas Nelson Brasil, 2010.

HUBBA, J.; MACCONELL, B. *BuzzMarketing*: criando clientes evangelistas. São Paulo: Makron Books, 2005.

HUFF, David L. Defining and estimating a trade area. *Journal of Marketing*, p. 37, jul. 1964.

KARSAKLIAN, E. *Comportamento do consumidor*. São Paulo: Atlas, 2004.

KAWASAKI, G. *Encantamento*: a arte de modificar corações, mentes e ações. São Paulo: Alta Books, 2011.

KIM, W. C. *A estratégia do oceano azul*. Rio de Janeiro: Elsevier, 2005.

KLARIC, J. *Estamos cegos*. São Paulo: Planeta do Brasil, 2012.

KOTLER, P. *Marketing management*. New Jersey: Prentice Hall International Editions, 1997.

_____. *Marketing para o Século XXI*. São Paulo: Futura, 2000.

_____. *Os 10 pecados mortais do marketing*. Rio de Janeiro: Elsevier, 2004.

_____. *Marketing 3.0*: as forças que estão definindo o novo marketing centrado no ser humano. Rio de Janeiro: Elsevier, 2010.

_____; KELLER, K. L. *Administração de marketing*. 12. ed. São Paulo: Pearson, 2006.

_____; _____. *Administração de marketing*. São Paulo: Pearson, 2012.

_____; TRIAS DE BES, F. *Marketing lateral*. Rio de Janeiro: Elsevier, 2004.

LAS CASAS, A. L. *Marketing*: conceitos, exercícios e casos. São Paulo: Atlas, 2001.

LAWRENCE, A. *Gestión práctica de la distribución comercial*. Madrid: Deusto, 2002.

LEHRER, J. *O momento decisivo*. São Paulo: BestBusiness, 2010.

LEITE, P. R. *Logística reversa*: meio ambiente e competitividade. São Paulo: Prentice Hall, 2003.

LEVINSON, J. C. *Marketing de guerrilha*. São Paulo: Best Seller, 1989.

LEVITT, T. *A imaginação de marketing*. São Paulo: Atlas, 1985.

LEWIS, D.; BRIDGES, D. *A alma do novo consumidor*. São Paulo: M. Books, 2004.

LIMEIRA, T. M. V. *Comportamento do consumidor brasileiro*. São Paulo: Saraiva, 2008.

LINDSTROM, M. *Brandsense*: a marca multissensorial. Porto Alegre: Bookman, 2007.

_____. *A lógica do consumo*: verdades e mentiras sobre o que compramos. São Paulo: Nova Fronteira, 2009.

_____. *Brandwashed*: o lado oculto do marketing. São Paulo: HSM Editora, 2012.

LOPES, C. *Guia de gerenciamento por categorias*. São Paulo: M. Books, 2013.

MAGEE, J. F.; COPACINO, W. C.; ROSENFIELD, D. B. *Modern logistics management*. New York: John Wiley & Sons, 1985.

MARTINS, J. R. *Branding*: um manual para você criar, gerenciar e avaliar marcas. São Paulo: Negócio Editora, 2000.

MAXIMIANO, A. C. A. *Teoria geral da administração*: da escola científica à competitividade na economia globalizada. 2. ed. São Paulo: Atlas, 2000.

McCARTHY, E. J. *Basic marketing:* a managerial approach. Homewood: Richard D. Irwin, 1960.

McVEY, P. Are channels of distribution what textbooks say? *Journal of Marketing*, p. 61, Jan. 1960.

MILLER, G. *Darwin vai às compras*. São Paulo: BestBusiness, 2012.

MOLE, J. *Mind your manners*. London: Nicholas Brealey Publishing, 1995.

MOREIRA, J. C. T.; PASQUALE, P. P.; DUBNER, A. G. *Dicionário de termos de marketing*. São Paulo: Atlas, 2003.

MORITA, A. *Made in Japan*. São Paulo: Livraria Cultura Editora, 1986.

NAKANISHI, N.; COOPER, L. Parameter estimate for multiplicative interactive choice model: Least Square approach. *Journal of Marketing Research*, v. 2, p. 303-311, 1974.

NATIONAL COUNCIL OF PHYSICAL DISTRIBUTION MANAGEMENT. *Careers in distribution*. Illinois: Oak Brook, 1983.

OGDEN, J. R.; CRESCITELLI, E. *Comunicação integrada de marketing*: conceitos, técnicas e práticas. São Paulo: Pearson Prentice Hall, 2007.

OLIVEIRA, S. L. I. *Desmistificando o marketing*. São Paulo: Novatec, 2007.

PARENTE, J. *Varejo no Brasil*: gestão e estratégia. São Paulo: Atlas, 2000.

PERUZZO, M. *As três mentes do neuromarketing*. Porto Alegre: Alta Books, 2015.

POPCORN, F. *O relatório Popcorn*. Rio de Janeiro: Campus, 1999.

PORTER, M. *Vantagem competitiva*: criando e sustentando um desempenho superior. Rio de Janeiro: Campus, 1989.

PRADEEP, A. K. *O cérebro consumista*. São Paulo: Cultrix, 2012.

PRAHALAD, C. K. *A riqueza na base da pirâmide*. Porto Alegre: Bookman, 2005.

_____; KRISHNAN, M. S. *A nova era da inovação*. Rio de Janeiro: Campus, 2008.

_____; RAMASWAMY, V. *O futuro da competição*. Rio de Janeiro: Elsevier, 2004.

PRINGLE, H.; THOMPSON, M. *Marketing social*. São Paulo: Makron Books, 2000.

RAZZOLINI FILHO, E. *Transporte e modais*: com suporte de TI e SI. Curitiba: Editora Ibpex, 2012.

REILLY, William J. Method for study of retail relationships. *Research Monograph n. 4*. Austin: University of Texas Press, 1929 (University of Texas Bulletin n. 2944).

RIES, A.; RIES, L. *A queda da propaganda*: da mídia paga à mídia espontânea. Rio de Janeiro: Campus, 2002.

_____; TROUT, J. *Marketing de guerra*. São Paulo: M. Books, 2006.

ROBERTS, K. *Lovemarks*: o futuro além das marcas. Rio de Janeiro: Campus, 2004.

ROCCATO, P. L. *A bíblia de canais de vendas e distribuição*. São Paulo: M. Books, 2008.

ROSEN, E. *Marketing boca a boca*. São Paulo: Futura, 2001.

SALZMAN M. et al. *BUZZ*: a era do marketing viral. São Paulo: Cultrix, 2003.

SAMARA, S. B.; MORSCH, M. A. *Comportamento do consumidor*: conceitos e casos. São Paulo: Pearson; Prentice Hall, 2005.

SAMPSON, A. *O homem da companhia*. Tradução de P. M. Soares. São Paulo: Companhia das Letras, 1996.

SERNOVITZ, A. *Marketing boca a boca*. São Paulo: Cultrix, 2012.

SHETH, J. N.; GARDNER, D. M.; GARRETT, D. E. *Marketing theory*: evolution and evaluation. New York: John Wiley & Sons, 1988.

SOLDOW, G. F.; THOMAS, G. P. *Vendas*: profissionalização para a década de 1990. São Paulo: Makron Books, 1993.

SOUSA, J. M. *Distribuição, uma visão estratégica*. 2. ed. Lisboa: Texto, 2000.

_____. *Gestão*: técnicas e estratégias no contexto brasileiro. São Paulo: Saraiva, 2009.

STERN, L. W.; EL-ANSAR, A. I. *Marketing channels*. 4. ed. New Jersey: Prentice-Hall, 1992.

STEWART, E.; PORRAS, J. *Sucesso feito para durar*. São Paulo: Bookman, 2007.

TAMANAHA, P. *Planejamento de mídia*: teoria e experiência. São Paulo: Pearson, 2003.

TROUT, J. *Diferenciar ou morrer*. São Paulo: Futura, 2000.

UNDERHILL, P. *A magia dos shoppings*. Rio de Janeiro: Elsevier, 2004.

_____. *Vamos às compras!* Rio de Janeiro: Elsevier, 2009.

_____. *O que as mulheres querem?* Rio de Janeiro: Elsevier, 2010.

VAYNERCHUCK, G. *Gratidão*. São Paulo: Lua de Papel, 2011.

ZALTMAN, G. *Afinal, o que os clientes querem?* Rio de Janeiro: Campus, 2003.

ZYMAN, S. *O fim do marketing como nós conhecemos*. Rio de Janeiro: Campus, 1999.

Endereços eletrônicos

ACADEMIA FRANCESA DE CIÊNCIAS COMERCIAIS (Académie de Sciences Commerciales) *Dictionaire Commercial*. Disponível em: <http://www.dictionnaire-commercial.com/>. Acesso em: 10 out. 2016.

ASSOCIAÇÃO BRASILEIRA DE FRANCHISING (ABF). Disponível em: <http://www.abf.com.br/>. Acesso em: 11 out. 2016.

AGUIAR, L.; MEIRELLES, R. Toc, toc, toc – comércio porta a porta. *Mundo do Marketing*, Redação, ago. 2006. Disponível em: <http://www.mundodomarketing.com.br/artigos/redacao/178/toc-toc-toc-comercio-porta-a-porta.html>. Acesso em: set. 2016.

BRASIL; MINISTÉRIO DOS TRANSPORTES. *Projeto de reavaliação de estimativas e metas do PNLT*. Relatório final. Brasília, 2012. Disponível em: <http://www.transportes.gov.br/images/2014/11/PNLT/2011.pdf>. Acesso em: set. 2016.

CENTRO DE EXCELÊNCIA EM RFID (RFID CoE). Disponível em: <http://www.rfid-coe.com.br/_Portugues/OqueERFID.aspx >. Acesso em: 25 out. 2016.

CLASSIFICAÇÃO NACIONAL DE ATIVIDADES ECONÔMICAS (CNAE). *IBGE*. Disponível em: <http://www.cnae.ibge.gov.br/>. Acesso em: set. 2016.

COLLABORATIVE PLANNING FORECAST & REPLENISHMENT (CPFR). Disponível em: <https://scm.ncsu.edu/scm-articles/article/cprf-model-collaborative-planning-forecasting-and-replenishment-cpfr-a-tuto />. Acesso em: set. 2016.

ECR BRASIL. Disponível em: <http://www.ecrbrasil.com.br/ecrbrasil/page/saibatudosobreecr.asp>. Acesso em: set. 2016.

GFK. *Future Buy*. Disponível em: <http://www.gfk.com/fileadmin/user_upload/dyna_content/US/documents/GfK_FutureBuy_2015_US_Market_Highlights_Shopper_Feb2016.pdf>. Acesso em: out. 2016.

INSTITUTO BRASILEIRO DE GEOGRAFIA E ESTATÍSTICA (IBGE). Disponível em: <http://www.ibge.gov.br/home/geociencias/geografia/regic.shtm>. Acesso em: set. 2016.

_____. Cidades. Disponível em: <http://www.cidades.ibge.gov.br/xtras/home.php>. Acesso em: set. 2016.

_____. Cidades, São Paulo-SP, 2010. Disponível em: <http://www.cidades.ibge.gov.br/download/mapa_e_municipios.php?lang=&uf=sp>. Acesso em: set. 2016.

_____. *Regiões de Influência das cidades*, 2007. IBGE, Coordenação de Geografia, Rio de Janeiro, 2008. Disponível em: <http://biblioteca.ibge.gov.br/visualizacao/livros/iv40677.pdf>. Acesso em: set. 2016.

_____. Web Cart beta: Censo Demográfico 2010. Disponível em: <http://www.ibge.gov.br/webcart/>. Acesso em: set. 2016.

_____. Pesquisa de Orçamentos Familiares – POF (2008-2009). Disponível em: <http://www.ibge.gov.br/home/estatistica/populacao/condicaodevida/pof/2002_2003perfil/pof2002_2003perfil.pdf>. Acesso em: set. 2016.

LEVITT, T. *Marketing intangible products and product intangibles*. Disponível em: <https://hbr.org/1981/05/marketing-intangible-products-and-product-intangibles/ar/1>. Acesso em: set. 2016.

MARTINS, C. Nova pontocom amplia investimentos para o Natal. *Mundo do Marketing*, nov. 2011. Disponível em: <http://www.mundodomarketing.com.br/ultimas-noticias/22235/nova-pontocom-amplia-investimentos-para-o-natal.html>. Acesso em: set. 2016.

MELLO, B. Merchandising inteligente gera visibilidade e renda. *Mundo do Marketing*, abr. 2009. Disponível em: <http://www.mundodomarketing.com.br/reportagens/pdv/9201/merchandising-inteligente-gera-visibilidade-e-vendas.html>. Acesso em: set. 2016.

OLIVEIRA, M. A união também faz a força do marketing. *Mundo do Marketing*, jul. 2006. Disponível em: <http://www.mundodomarketing.com.br/index.php/reportagens/planejamento-estrategico/153/a-uniao-tambem-faz-a-forca-no-marketing.html>. Acesso em: set. 2016.

OLIVEIRA, P. Coca-cola lança campanha porta a porta em Minas Gerais. *Mundo do Marketing*, jan. 2015. Disponível em: <http://www.mundodomarketing.com.br/ultimas-noticias/32563/coca-cola-lanca-campanha-porta-a-porta-em-minas-gerais.html>. Acesso em: set. 2016.

OWLAPPS. *Geomarketing* (aplicativo), 2012-2015. Disponível em: <http://www.owlapps.net/application-geomarketing>. Acesso em: set. 2016.

SOUSA, J. M. M. Pirataria e mercado paralelo. *View*. Disponível em: <http://revistaview.com.br/sucesso/dicas-estrategias-provar?edition=130>. Acesso em: set. 2016.

STRUNCK, G. Te cuida, Zara! *Mundo do Marketing*, mar. 2012. Disponível em: <http://www.mundodomarketing.com.br/artigos/gilberto-strunck/23201/te-cuida-zara.html>. Acesso em: set. 2016.

SUPPLY CHAIN MANAGEMENT TERMS AND GLOSSARY. Disponível em: <https://cscmp.org/sites/default/files/user_uploads/resources/downloads/glossary-2013.pdf>. Acesso em: set. 2016

TERRA, S. Canais de venda e de distribuição. *Shopper View*, fev. 2010. Disponível em: <http://www.mundodomarketing.com.br/blogs/shopper-view/12937/canais-de-venda-e-de-distribuicao.html>. Acesso em: set. 2016.

VOLUNTARY INDUSTRY COMMERCE STANDARDS ASSOCIATION (VICS). Disponível em: <http://www.gs1us.org/industries/apparel-general-merchandise>. Acesso em: set. 2016.